匠心之城

中国式现代化的佛山故事

中共佛山市委党校（佛山市行政学院） 组编

"中国式现代化的故事"丛书·特色城市辑

张占斌 总主编

中央党校出版集团

国家行政学院出版社
NATIONAL ACADEMY OF GOVERNANCE PRESS

图书在版编目（CIP）数据

匠心之城：中国式现代化的佛山故事 / 中共佛山市委党校（佛山市行政学院）组编 . -- 北京：国家行政学院出版社，2025. 5. --（"中国式现代化的故事"丛书 / 张占斌主编）. -- ISBN 978-7-5150-3046-3

Ⅰ. D676.53

中国国家版本馆 CIP 数据核字第 2025M3M417 号

书　　名	匠心之城——中国式现代化的佛山故事
	JIANGXIN ZHI CHENG——ZHONGGUOSHI XIANDAIHUA DE FOSHAN GUSHI
作　　者	中共佛山市委党校（佛山市行政学院）　组编
统筹策划	胡　敏　刘韫劼　陈　科
责任编辑	陆　夏
责任校对	许海利
责任印刷	吴　霞
出版发行	国家行政学院出版社
	（北京市海淀区长春桥路 6 号　　100089）
综 合 办	（010）68928887
发 行 部	（010）68928866
经　　销	新华书店
印　　刷	北京新视觉印刷有限公司
版　　次	2025 年 5 月第 1 版
印　　次	2025 年 5 月第 1 次印刷
开　　本	170 毫米 × 240 毫米　16 开
印　　张	16
字　　数	228 千字
定　　价	58.00 元

本书如有印装问题，可联系调换。联系电话：（010）68929022

出版说明

党的二十大报告指出，从现在起，中国共产党的中心任务就是团结带领全国各族人民全面建成社会主义现代化强国、实现第二个百年奋斗目标，以中国式现代化全面推进中华民族伟大复兴。习近平总书记在中央党校建校 90 周年庆祝大会暨 2023 年春季学期开学典礼上的讲话中首次创造性提出"为党育才、为党献策"的党校初心。紧扣党的中心任务，践行党校初心，中央党校出版集团国家行政学院出版社和中央党校（国家行政学院）中国式现代化研究中心特别策划"中国式现代化的故事"丛书，邀请地方党校（行政学院）、宣传部门、新闻媒体、行业企业等方面共同参与策划和组织编写，从不同层次、不同维度、不同视角讲述中国式现代化的地方故事、企业故事、产业故事，生动展示各个地区、各个领域在大力拓展中国式现代化新征程上的理念创新、实践创新、制度创新、文化创新等，精彩呈现当代中国以中国式现代化全面推进中华民族伟大复兴的宏大历史叙事，以讲好中国式现代化的故事来讲好中国故事。

该丛书力求体现这样几个突出特点：

其一，文风活泼，以白描手法代入鲜活场景。本丛书区别于一般学术论著或理论读物严肃刻板的面孔，以生动鲜活的题材、清新温暖的笔触、富有现场感的表达和丰富精美的图片，将各地方、企业推进中国式现代化建设的理论思考、战略规划、重要举措、实践路径等向读者娓娓道来，使读者在沉浸式的阅读体验中获得共鸣、引发思考、受到启迪。

其二，视野开阔，以小切口反映大主题。丛书中既有历史人文风貌、经济地理特质的纵深概述，也有改革创新举措、转型升级案例的细节剖解，既讲天下事，又讲身边事，以点带面、以小见大，用故事提炼经验，以案例支撑理论，从而兼顾理论厚度、思想深度、实践力度和情感温度。

其三，层次丰富，以一域之光映衬全域风采。丛书有开风气之先的上海气度，也有立开放潮头的南粤之声；有沉稳构筑首都经济圈的京津冀足音，也有聚力谱写东北全面振兴的黑吉辽篇章；有在长江三角洲区域一体化发展中厚积薄发的安徽样板，也有在成渝地区双城经济圈中走深走实的川渝实践；有生态高颜值、发展高质量齐头并进的云南画卷，也有以"数"为笔、逐浪蓝海的贵州答卷；有"强富美高"的南京路径，也有"七个新天堂"的杭州示范……丛书还将陆续推出各企业、各行业的现代化故事，带读者领略中国式现代化的深厚底蕴、辽阔风光和壮美前景。

"中国式现代化的故事"丛书既是各地方、企业推进中国式现代化建设充满生机活力的形象展示，也是以地方、企业发展缩影印证中国式现代化理论科学性的多维解码。希望本丛书的出版，能够为各地方、企业搭建学习交流平台，将一地一域的现代化建设融入全面建设社会主义现代化国家的大局，步伐一致奋力谱写中国式现代化的历史新篇章。

国家行政学院出版社
"中国式现代化的故事"丛书策划编辑组

总　序

　　党的二十大擘画了全面建成社会主义现代化强国、以中国式现代化全面推进中华民族伟大复兴的宏伟蓝图。中国式现代化是前无古人的开创性事业，是强国建设、民族复兴的康庄大道。回顾过去，中国共产党带领人民艰辛探索、铸就辉煌，用几十年时间走完西方发达国家几百年走过的工业化历程，创造了经济快速发展和社会长期稳定的两大奇迹，实践有力证明了中国式现代化走得通、行得稳；面向未来，在以习近平同志为核心的党中央坚强领导下，各地方各企业立足各自的资源禀赋、区位优势和产业基础、发展规划，精心谋划、奋勇争先，在推进中国式现代化过程中将展现出一系列生动场景，一步一个脚印地把美好蓝图变为现实形态。

　　中国式现代化，是中国共产党领导的社会主义现代化，既有各国现代化的共同特征，又有基于自己国情的中国特色。中国式现代化，是人口规模巨大的现代化，是全体人民共同富裕的现代化，是物质文明和精神文明相协调的现代化，是人与自然和谐共生的现代化，是走和平发展道路的现代化。这五个方面的中国特色，不仅深刻揭示了中国式现代化的科学内涵，也体现在不同地方、企业推进现代化建设可感可知可行的实际成果中。中国式现代化理论为地方、企业现代化的实践探索提供了不竭动力，地方、企业推进中国式现代化建设的成就也印证了中国式现代化道路行稳致远的时代必然。

　　为讲好中国式现代化的故事，更加全面、立体、直观地呈现中国式现代化的丰富内涵和万千气象，中央党校（国家行政学院）中国式现代化研究中心和中央党校出版集团国家行政学院出版社联合策划推出"中国式现代化的故事"丛书，展现各地方、企业等在着眼全国大局、立足地方实际、发挥自身优势，推进中国式现代化建设上的新突破新作为新担当，总结贯穿其中的完整准确全面贯彻新发展理念、构建新发展格局、推动高质量发展的新理念新方法新经验。我们希望该系列丛书一本一本地出下去，能够为各地更好推进中国式现代化建设以启迪和思考，为以中国式现代化全面推进中华民族伟大复兴凝聚更加巩固的思想基础，为进一步推进中国式现代化的新实践、书写中国式现代化的新篇章汇聚磅礴力量。

中央党校（国家行政学院）中国式现代化研究中心主任

2023 年 10 月

序　言

　　每座城市都有自己的独特气质，佛山也一样，但又不太一样。

　　很多人对佛山的城市印象，或许是从功夫开始的。从黄飞鸿、叶问到李小龙，一句"佛山无影脚"，就能引起全球华人的共鸣。作为南派武术的发源地之一，佛山的功夫文化源远流长，并与粤剧、龙舟、龙狮、陶艺、工匠、美食、秋色、祖庙、忠义等传统文化一起，共同构成佛山的文化群像，厚植于岭南这片热土，生生不息。

　　很多人对佛山的城市印象，抑或是从家电家具开始的。"原来生活可以更美的"，有家就有佛山造，充满佛山制造的自豪。近年来，面对各种不利因素，佛山依然发挥了经济发展"稳定器"的作用，攻坚克难、爬坡过坎，坚决挺起工业大市的脊梁。2023 年，佛山成为广东第二个、全国第四个规模以上工业总产值突破 3 万亿元的城市，并依托特色鲜明的产业集群，在全国五个"千亿镇"中占据两席。但对于佛山来说，这也许只是起点。当前制造业智转数改深入推进，佛山入选省级中小企业数字化转型城市试点。截至 2024 年 6 月，全市新增国家"数字领航"企业 1 家、市级示范工厂 25 家，培育产业集群数字化转型试点 11 个，5741 家规模以上工业企业实施数字化转型，占比达58%。

　　很多人对佛山的城市印象，还是从美食开始的。"食在广州，厨出凤城"①，彰显了佛山人用匠心书写着对生活精雕细琢的热爱。作为粤菜的重要发源地之一，佛山是"中国厨师之乡"，也是联合国教科文组织评选的"世界美食之都"。"不鲜不食、不时不食"的饮食文化，不仅体现了岭南水乡物产丰富的资源特色，也是对佛山人精湛烹饪技艺的真实写照。如今，佛山的很多巷子还保留着青石板、镬耳屋，这些岭南老街已蝶变成广府文化与现代风貌并存的人气打卡地，中外游客在此品美食、赏粤剧、观醒狮、赛龙舟，感受着佛山的城市魅力。

正是这种烟火与文化的传承、传统与现代的交融，为佛山推进中国式现代化提供了深厚的文化底蕴和实践基础。以佛山在推进中国式现代化中的躬身实践为主线，全书分别围绕佛山在岭南文脉传承、制造业发展、锐意改革创新、创新平台打造、生态文明建设及基层党建六个方面展开叙述。

第一章立足"城市文脉"，从"历史渊源""人文荟萃""技达天下"三个方面，讲述了佛山的城市缘起和发展的根与魂。第二章以"制造业发展"为视域，展现了佛山民营企业扎根本土、锐意创新的成长故事，尤其是佛山多年来坚持制造业当家、以实体经济为本取得的累累硕果，在推动传统产业高端化、智能化、绿色化升级的过程中，佛山的制造业发展历程，正是推进和拓展中国式现代化的生动注脚。第三章以"创新平台打造"为视域，讲述了佛山作为国家创新型城市、"科创中国"试点城市，如何通过"无中生有""架设桥梁""厚植沃土"，探索出一条科技创新引领制造业高质量发展的新路子。第四章以"改革创新"为视域，梳理了佛山如何围绕全面深化改革，在营商环境、农村综合体制、土地要素和数据要素四个方面进行的创新突破，在多项"国字号"荣誉的背

---

① 凤城，佛山市顺德区的别称。

后，锐意改革，体现的是佛山"啃硬骨头""涉险滩"的智慧和勇气。第五章以"生态文明建设"为视域，讲述了佛山作为一个工业大市，如何以绿色发展推动生态蝶变的历程。第六章以"基层党建"为视域，讲述了佛山的"红色力量"在助力经济高质量发展、促进社会治理创新方面打好"组合拳"的鲜活故事，红色也成为佛山现代化发展中最亮丽的城市底色。

总览全书，有以下几个突出特点：一是在框架结构上，整本书以"章"布局，六个章节的主题基本涵盖"五位一体"总体布局，每小节标题既体现时间线索，又包含关系逻辑，层层递进；二是在内容安排上，主要通过"讲故事"的方式，将宏大叙事转换成生活语言，增强可读性；三是在写作方式上，突出以小见大、以点带面，既包括佛山推进中国式现代化过程中的具体实践这一"明线"，又隐含有"匠心"这一元素在经济、社会、文化方方面面的浸润这一"暗线"，"明暗两线"互为补充、相得益彰；四是在语言风格上，文风清新、朴实，以"叙"为主，夹叙夹议，根据内容适时配有插图，更直观呈现文字内容，增强生动性。

2023年，习近平总书记莅临广东视察，寄望广东在推进中国式现代化建设中走在前列，赋予粤港澳大湾区"新发展格局的战略支点、高质量发展的示范地、中国式现代化的引领地"的全新定位。

佛山将深入贯彻落实习近平总书记视察广东系列重要讲话和重要指示精神，紧紧围绕党的二十届三中全会精神和广东省委提出的"1310"具体部署①，在"百县千镇万村高质量发展工程"推进过程中，以广东省委赋予的建设城乡区域协调发展改革创新实验区为契机，积极融入粤港

---

① "1"是锚定"走在前列"总目标，"3"是激活改革、开放、创新"三大动力"，"10"是奋力实现"十大新突破"。

澳大湾区发展战略，苦干实干、聚力前行，在推进和拓展中国式现代化的道路上续写出佛山的多彩新篇章！

希望这本书能打开一扇窗，让您看到一个不一样的佛山。

本书编写组

2024 年 12 月

目 录

第二章

"有家就有佛山造"誉满全球

第三章

乘势而上培育"双创"热土

第四章

"敢为人先"铸就改革先锋

第五章

绿色发展推动生态蝶变

第六章

红色领航夯实发展根基

后 记

第一章

岭南文脉赓续千年

　　佛山作为岭南文化发源地之一，拥有着深厚的历史积淀与非常丰富的文化资源。在《粤港澳大湾区发展规划纲要》中，强调要支持弘扬的粤剧、龙舟、武术、醒狮等为代表的岭南文化形态，在佛山都有着深厚的底蕴和精彩呈现。从一方乡堡到"天下四大聚"之一，由渔猎文明到农业文明，再到工业文明和生态文明，佛山不断演绎着人、城、产、文交融互动的生动故事。佛山的千年发展史是一部传统与现代并重、继承与超越交融的转型升级史，更是一部鉴古知今、彰往察来的文化传承史。

一、历史渊源：千年古镇繁华地

明清时期，一方面，借助航运便利，佛山的冶铸、纺织、制陶、中成药等行业迅速发展起来，有"佛山之冶遍天下"的美名；另一方面，"四方商贾之至粤者，率以是为归"，城中形成"三圩六市九头八尾十三沙二十八铺"的商业中心，"为广南一大都会"。发达的手工业和商贸业造就了佛山千年古镇繁华地的美誉，而岭南文化"多元、务实、开放、兼容"的文化价值与精神内核也滋养着、推动着佛山城市的现代化发展。

（一）古为海洲：珠江水系核心之纽

广东地处我国南疆，北枕五岭，濒临南海，处于一个既封闭又开放的地理区位。佛山位于"人杰地灵、物华天宝"的珠江三角洲平原上。珠江水系的最大特征是复合水系，西江、北江和东江水系汇合于三角洲区。珠江三角洲大部分地区属于北回归线以南，地处南亚热带，气候高温多雨，光照充足，极为适合水稻、甘蔗和亚热带水果的生长。

珠江三角洲地势特点是平原低平坦荡，水网密集。珠江三角洲是富饶的，这主要得益于珠江水系大量的天然有机肥泥在海湾的不断沉积，特别是西江流域，年平均输沙量占珠江水域的近90%，且西江水含丰富的有机质，珠江三角洲的大片沙田就是在"西江麸"基础上生成的。土壤肥沃、土层深厚的沙田平原，有利于耕种业的开展，从而成为人类繁衍生息、繁荣生产的重要资源和发展基础。

古代佛山地区位居广东省中南部，珠江三角洲西北部腹地，属亚热带季风性湿润气候。从地形地貌看，佛山为侵蚀性地形，大部分是平坦的冲积平原。佛山历史地理的沿革是同珠江三角洲地形地貌的发育演变分不开的。佛山地区自古为海洲，今天在石头村仍有古海岸遗址，如海蚀平台后缘的海蚀穴等，说明五六千年前，佛山属古珠江三角洲的南部滨海地区，为古海岸所在。四五千年前佛山的自然环境和原始聚落的生活情况，通过石湾澜石镇河宕村贝丘遗址可以得到较为可靠的线索：考古发现在一些自然条件比较优越、地势较高、背山面水的丘陵和部分台地得到一定开发，并且当时佛山地区已经生息着一个人口相当密集的聚落。

秦汉以降，随着西江、北江、东江带下泥沙逐渐增多，出露陆地有所扩大。约在汉代，佛山南部地方先后逐渐成陆。

三国两晋南北朝时期，当时的古海岸线以外仍为大海，由于珠江流域气候湿热，植被生长茂密，流域来沙不多，西、北、东三江所夹带的泥沙虽经长年累月已使海湾逐渐淤积变浅，但除海湾北部顺德一带的冲积平原外，还没有达到形成海滩和逐渐出露水面形成沙洲的阶段，仍处于水下发育时期。

唐宋时期，西北两江上游冲积渐广，但珠江河口湾仍很深入，平原扩展范围不大，珠江三角洲许多地区水域被称为"海"，如广州城下有珠海、佛山有"海"洲、顺德有洪蒙海、三槽海等，正所谓"大海在府城（广州）正南七十里"，"海浩无际，岛屿洲潭，不可胜记"。宋代开始，珠江三角洲地区开始了较大规模的开发，由此引起的生态环境的变迁主要发生在河谷平原和沿海低地。特别是南宋以后，珠三角前缘不断向海南移，佛山终于大部分地区渐成平陆。

明清时期，珠江三角洲地区再次经历了巨大变迁。明代西、北江三角洲沿

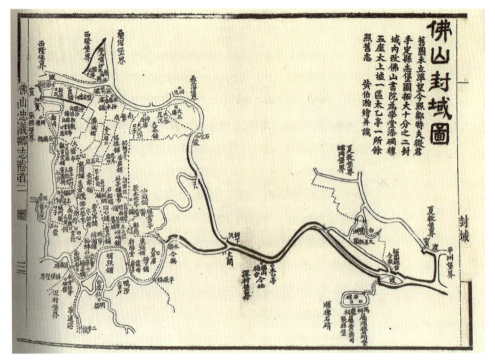

佛山封域图

海线在今中山市港口镇—马安—横档—黄阁一带，到了清代已经退到了六乡—坦洲一线。东江三角洲滨线在明初为今东莞麻涌一大部，到了清初则推移至东莞漳澎—沙头—横流，同时也积累了大片可开发的沙田平原。此时的珠江三角洲地区河网密布、交错如织，涌渠纵横，各地水路联系十分便捷。当时的佛山地区已位居晚期珠江三角洲水系的上游顶端，地势低洼，得水网发达之利，为航运交通和商贸发展创造了有利条件。

（二）天下名镇：商贸繁荣中心之城

明末清初，"天下四大镇"同属超级市镇类型，具有一般市镇无法比拟的规模和繁盛景象，其中，佛山除了是"天下四大镇"以外，又同时被誉为"天下四大聚"。佛山镇以冶铁业发迹，是建立在工商业基础上的超级市镇，从明初兴起至清咸丰年间较为繁盛，兴盛时段约 400 年，展示了封建时期城市化发展的新途径，在经济发展史上具有重大意义。

佛山镇兴起的基本条件在于，唐宋以后，"芦苞水，秋涸夏始溢"，西南涌由深水涌逐渐淤至浅窄。随着芦苞涌、西南涌的淤涸，在其下游的官窑涌、石门水渐淤浅，不便通行。明、清以后，西北江主航道再度南移，主要通过佛山涌至广州，从而使佛山具备"地居省会上游，扼西北两江之冲"的优越地理交通条件。

据道光《佛山忠义乡志》和乾隆《佛山忠义乡志》等记载，佛山在乾隆十五年有"三万余家"，在乾隆五十三年"人稠地广，烟火十万余家"。如果以保守的"三万余家"每户 6 人计算，佛山当时的人口就已经超过 20 万人。如果以"烟火十万余家"计算，则可能达到 50 万至 60 万人。

从市镇的街道来看，据《佛山街略》统计，"清道光十年佛山有 596 条街巷，各类码头 25 个，到了民国时期，佛山镇内共有街道 1788 条"，这种市镇街道规模在四大镇中是首屈一指的。这不仅同当时佛山商贸繁盛、人口密度息息相关，也是其他综合因素共同作用的结果。首先，"社"和"铺区"的划分，构成了镇区多层次的建设单元。"社"的作用十分重要，在历史上是重要的行政基本管理和古地域建制单位之一，确切地说是对人口管理的单位，也是社区形成的基本。"九社"是佛山最古老的里社，大概均建于元末明初，在土著居民中也享有较高的精神凝聚力，范围包括了龙翥祠东南一线至佛山涌边的地区，约占后来佛山镇的 1/3 以上。[①] 据民国《佛山忠义乡志》载，佛山乡内划地为铺，铺区数量由明代的 24 铺逐步扩展到明末清初的 28 铺，从而促进了佛山城市社区

① 罗一星：《明清佛山经济发展与社会变迁》，广东人民出版社 1994 年版，第 40—41 页。

结构的完善，并且铺各立社，数条街道便可合为一社，乡境域之内共有 79 社。一定程度上讲，"铺区"和"社"的增长，同佛山街道网络的不断完善是相互促进的。

其次，随着市镇结构功能分区的逐步明确，促成了市镇街巷网络多中心发展"极核"的形成。清代以后，随着佛山城市人口职业和城市空间的分化，南部为手工业制造区，北部为商业中心区，中部为工商、居民混合区的格局逐渐形成。由于以上三个分区在政治经济和社区生活的地位都极为重要，因此围绕这些区域的中心，形成了较为密集的街巷、商铺、民居、寺庙等，从而很大程度上促进了佛山街巷的密集分布。

从工商业的类型来看，佛山镇是以手工业为支柱带动丝织业发展，附近的石湾则是重要的陶瓷产地，同时金属加工业、造纸业、成药业、颜料业、爆竹业等行业日益兴旺。佛山全镇的工商店号在 3000 家以上，道光以前共有会馆 50 多所。从手工业作坊的性质看，佛山几乎皆为民营性质。佛山冶铁业最普遍的经营方式是家庭小作坊，家族大作坊经营方式常常出自佛山的大姓望族，主要是在明末清初存在、发展。从原材料来看，佛山并不出产铁料，生产所需原材料生铁的供给，需要从罗定、东安等地方输入。佛山冶铁业发达，实际上得益于珠江三角洲商品经济的发达对铁制品的需求，以及精湛的冶铁工艺和得天独厚的水运交通区位优势，使佛山与国内外贸易市场紧密联系。

明清"天下四大镇"以其发达的工商业，在全国经济发展中占据着重要的地位，而在"天下四大镇"中，真正兼备工商业综合性质的超级市镇，只有佛山一个。[①] 就国内贸易而言，佛山明末清初的工商业超过省会广州，成为各省货物交流的一大枢纽。史称"佛山居省上游，为广南一大都会，其地运之兴衰，

---

① 邱衍庆：《明清佛山城市发展与空间形态研究》，中国建筑工业出版社 2014 年版，第 85 页。

民国《佛山忠义乡志》所列出的众多中成药商号

东南半壁均所攸关"。可见，佛山镇不仅是繁荣兴盛的工商业综合型市镇，而且其兴衰对东南数省的经济具有极大的影响力，在我国市镇发展历程中具有典型性和代表性。

（三）岭南圣域：人神相契忠义之乡

佛山祖庙供奉的是玄天真武大帝，又名真武庙，始建于北宋元丰年间（1078—1085年），"元代以前关于祖庙的史迹已不可考"[①]，曾毁于元末，明洪武

---

① 罗一星：《帝国铁都：1127—1900年的佛山》，上海古籍出版社2021年版，第170页。

五年（1372 年）重建。佛山祖庙 1958 年被列为广东省重点文物保护单位，1996 年升级为全国重点文物保护单位，佛山祖庙以其保存完整的明清古建筑艺术和丰富的佛山传统民俗文化内涵，被誉为"东方民间艺术之宫""岭南建筑艺术之宫"。2006 年 5 月，佛山"北帝诞庙会"入选首批广东省非物质文化遗产名录。2008 年 2 月，"佛山祖庙庙会"入选第二批国家级非物质文化遗产名录。

玄天真武大帝，又称北帝，北帝崇拜是佛山社会悠久的地方信俗。真武庙的存在发展，吸引了四周的居民，人们相信：祖庙"所奉之神不一，惟真武为最灵。其鼓舞群动，捷于桴鼓，影响莫知所以然"。例如有"水旱灾诊者"叩于神，即风调雨顺；有海寇掠乡者，乡人叩于神，贼舰即覆溺。又如乡人有被窃者，叩于神，"盗乃病狂，自赍所窃物归其主"。地方保护神的缔造，是古代传统社区发展过程的必然产物。人们在形成一个社区的同时，社区内部与社区外部的各种争端会随之发生，因此需要一个代表某种抽象正义观念的神明权威来维持和调节社区关系。"作为神灵，尽管并不想象为无所不能，但至少被想象为比凡人强大得多。在特定的范围内，他成了维护正义、反对强权的斗士，成了穷人、寡妇、孤儿和在人间无依无靠的人的保护者。"①祖庙最初的建立，充分体现了其为乡民提供精神保护的功能。

北帝被赋予了水神、火神和星宿神的保护功能。清初著名学者屈大均认为粤人信奉北帝的主要原因与真武是司水之神有关。《佛山祖庙》一书也提到了这一情况。书中写道：至北宋初期，佛山工商业日趋兴盛，户口倍增。但当时佛山地方的汾江河主流非常辽阔，它的内河支流水道也大而深，环绕于佛山南部和中部（当时尚有地方未成陆），而北部仍是泽国。当地居民外出，非舟莫渡，工商业货物对于西、北江和广州的运输，也非用船艇不可。人们为免受水道风浪的危险，只有求神庇护，以保生命财物的安全。

---

① E.A 罗斯：《社会控制》，华夏出版社 1989 年版，第 110 页。

北帝的另一个保护功能，是民间所说的"玄武属水，水能胜火"而引申为防火防灾之神。宋元以来，佛山逐渐发展成为岭南的冶铁中心，至今佛山禅城区地下还可见到大量冶铁用过的泥模，在祖庙的西南侧不远处还有一个由铸铁废弃的泥模堆积而成的泥模岗，佛山居民多以鼓铸为业，防火之神自然大有用武之地。《重修灵应祠祀》中就有这种作用的记载："其与佛山之民不啻如慈母之哺赤子，显赫之迹至不可殚述。若是者何也？岂以南方为火地，以帝为水德，于此固有相济之功耶？抑佛山以鼓铸为业，火之炎烈特甚，而水德之发扬亦特甚耶？"可见，保水上平安和防水火之灾是佛山崇拜北帝的最初原因。

明正统十四年（1449 年），珠江三角洲爆发了黄萧养起事。黄萧养是广州府南海县冲鹤堡人，早先因以"盗贼"罪被广东官府关在广州监狱。明正统十三年（1448 年）九月，在狱外同伴接应下，黄萧养率领同狱者集体越狱。逃出城外纠合同党及无业流氓和江海渔胥，"旬月至万人"。黄萧养自立为"东阳王"，并大授官衔，有所谓"安乡伯""东平侯""四海侯"者。他们四处劫掠村落，刨挖各乡祖坟，胁迫村民随之入伙，"弗从辄杀"。不到几个月，珠江三角洲社会秩序大乱。各类边缘群体如盗寇、水胥以及流氓纷纷加入，到处打家劫舍，残害良民。恰恰在此时，明朝廷发生了土木堡之变，给了黄萧养一个纵其所欲的天赐良机。明正统十四年六月，黄萧养分水陆两路进攻广州，然而久攻不下，"又闻富户多聚于佛山，欲掠之"，八月随即率兵进攻佛山。

早先黄萧养就声言欲攻佛山，佛山父老即赴祖庙叩问北帝，以卜来否。"神谓贼必来，宜早为备。"当时佛山父老中有二十二老首倡大义，号召全堡坚决抵抗。其中，梁广当时已 74 岁，他赋性严厉，处事公平，乡里对其历来信服。而当时的冶铁大户冼灏通被推举为乡长，其余二十名老者个个皆是家颇富饶的"大家巨室"。他们各罄资财，率领佛山八图子弟，树木栅，浚沟堑，储兵械，一夜之间就做好准备。正所谓同仇敌忾，备战"一夕而具"。面对强敌，二十二老誓死抵抗，他们各展其能，有的筹款，有的御战，有的筹划，奇谋迭出，围战屡胜。祖庙在抗击黄萧养的 6 个月里一直是佛山乡民的军事指挥部和精神中枢。

抗击黄萧养的胜利，使佛山堡一举成名，引起了广东官府对佛山地方和人民的重视。佛山堡严兵列阵的景象让当时视察佛山社区的广东布政使揭稽大为感动，主动为二十二老叙功。而佛山堡民也抓住了这个隆祀祖庙的最好时机，

佛山祖庙

于是在明景泰元年（1450 年），由耆民伦逸安上奏请求封典，经有司复勘属实后，由广东布政使揭稽上奏朝廷。明景泰三年（1452 年），景泰皇帝"诏以北帝庙为灵应祠，佛山堡为忠义乡，旌赏忠义士梁广等二十二人"，并御赐了四个匾额、二副对联等敕物，这些匾额、对联至今犹存于祖庙内。

礼部四百二十四号勘合，正式把佛山祖庙列入国朝祀典，由广东布政使、

广州知府、南海知县等官员主祭，也就是把祖庙列入了明朝官册，按官方祀典规定的礼仪进行祭祀。明嘉靖《广东通志》记载："南海县真武灵应祠在佛山堡，祀典。"明万历《南海县志》也载"灵应祠在佛山乡，奉玄武上帝，每年春秋致祭"。这就是说广州府官员和南海县官员要每年到佛山祖庙进行春秋二祭。自此，祖庙已正式从一般的社区香火庙上升为官祀之庙。可以说黄萧养起事是主要的促成原因。

从此之后，佛山不再称"季华乡"而称"忠义乡"，佛山堡民在汾水正埠建立了"敕赐忠义乡"的坊表。祖庙也不再称"龙翥祠"而称"灵应祠"。佛山祖庙在佛山人的心目中赢得了"灵验"和保民安乡、救民于危难的声誉。其地位也超出了一般社区香火庙所能达到的高度，逐渐向全佛山人的"大父母"位置发展。明代正统年间这场佛山保卫战，创造出了一个体现佛山人与北帝神契合、王朝与民间认同的人文形态。由此，佛山人文信俗包含了以祖庙为核心的神庙系统、北帝崇拜和"忠义乡"与"忠义士"的价值体系。

二、人文荟萃：文武俊才美名扬

佛山在自晋至唐的得名过程中深受岭南文化影响，又在现代产业经济发展中，培育和彰显了一种敢为人先、崇文务实和通济和谐的佛山精神。这种文化基因和城市精神使得佛山人得近代风气之先，走出了一批影响卓著的名人：从民族资本家陈启沅到维新变法的康有为，从"近代科学先驱"邹伯奇到"铁路之父"詹天佑，从"岭南诗宗"孙蕡到"我佛山人"吴趼人，从岭南雄狮黄飞鸿到功夫巨星李小龙等，百年佛山人在政治、经济、文化领域引领风骚，演绎了一个又一个岭南传奇。

（一）崇文：修齐治平　匡扶社稷

佛山自古科甲鼎盛，人才辈出，包括状元文化在内的历史文化底蕴丰厚，素有"状元之乡"的美誉。有统计显示，从宋至清四个朝代，广东历代的乡贡和进士中，南海（明清佛山镇属南海县）数量为347人，顺德为238人，番禺为253人，南海和顺德乡贡与进士数量排名分列第一、第三。除此之外，状元、榜眼、探花数量，佛山也位居第一。广东历代状元9人、榜眼8人、探花9人，其中南海、顺德状元5人、榜眼3人、探花3人，占了1/3多；可以说，佛山是名副其实的"状元之乡"和"气标两广的人文之邦"。

状元村

　　在历代状元中，以张镇孙最广为人知。张镇孙（1235—1278年），字鼎卿，号越溪，广东省佛山市顺德区熹涌村人。张镇孙自幼天资聪颖，过目成诵，文采风流，有"神童"之誉。宋淳祐十年（1250年），年仅15岁的张镇孙参加童子试，名冠诸生，声震乡里。但自此之后屡考不中，加上遭逢变故，家道中落，一时间各种嘲讽和打击接踵而至，但张镇孙并未就此沉沦，在此后郁郁不得志的20年里，张镇孙攻读群书，历经社会磨炼。南宋咸淳七年（1271年），张镇孙35岁的时候，赴南宋京都临安（今杭州市）参加会试、殿试，他在金殿上挥笔疾书，顺利完成了洋洋七千言的政论文《廷对策》，他针对国家当时的积弊，慷慨陈词，提出"国家以民为命脉"的论点，要朝廷实行"楫上益下"的政策，认为皇帝应该"以仁治天下"，并大胆提出严惩贪官污吏以平民愤的建议。张镇孙的《廷对策》深得皇帝的喜爱，御笔朱批一甲第一名，是宋朝广东唯一的状元、顺德历史上第一位状元。

高中后，张镇孙出任秘书监正字，后为校书郎。但后因奸臣当道，忠良陆续被迫害，张镇孙也被迫害并流放到浙江婺州。南宋德佑元年（1275 年），元军大举南下。德佑二年（1276 年），元军攻占南宋都城杭州，皇太后与宋恭宗投降。益王继位，是为端宗。张镇孙临危受命，抗击元军。德佑三年（1277 年），张镇孙率军围攻广州，守将弃城逃遁，张镇孙收复广州，举城欢庆。此时文天祥也占领梅州，陆秀夫攻克潮州，颓势略有挽回。但元兵再度强攻，宋军抗击无力，张镇孙率兵在珠江上与元兵鏖战，终因兵乏将损，败退城中。他们守城数月，民无食可寻，只得掘穴捕鼠，张网罗雀。张镇孙目睹市民艰苦难堪，更担心城破遭屠城，于是他提出自己出城受缚，但唯一条件是不得伤害百姓，广州市民这才得逃一劫。后来，张镇孙在解往京城路上趁敌不备，自杀殉国，为民就义，用生命回应金殿对廷时"誓秉孤忠铁石坚"的诺言，成为人们称颂的忠义贤才。

佛山自古有"忠义"之乡的美誉，正是这些爱国忠义之士的精神传承的结果。历朝历代的岭南文人士大夫不断吸收中原文化精华，并将之带回家乡，使得岭南文化不断融合且又有自身特色。即便在封建王朝后期，岭南文人仍然心系社稷，变法图强。

其中代表性人物有大名鼎鼎的康有为（1858—1927 年），他出身于仕宦家庭，原名祖诒，字广厦，号长素，广东省南海县丹灶苏村人，乃广东望族，世代为儒，以理学传家，人称"康南海"，是近代著名的政治家、思想家、社会改革家、书法家和学者。

康有为自幼学习儒家思想，五岁便能诵唐诗数百首。后师从康赞修、朱次琦学习宋明理学，因此，早年的康有为就非常鄙弃所谓汉学家的烦琐考据，企图开辟新的治学道路。清光绪五年（1879 年），康有为开始接触西方文化，大开眼界。光绪八年（1882 年），康有为前往北京参加顺天乡试，但没有考取。

在南下归家时途经上海，购买了大量西方书籍，吸收了诸多西方思想，初步有了维新变法的思想认识。光绪十四年（1888年），康有为再一次到北京参加顺天乡试，并借机第一次上书光绪帝，请求变法，但受阻未上达。当年九月，他再一次上书光绪帝，批判因循守旧，提出"变成法，通下情，慎左右"的变法维新主张，但也石沉大海。光绪十七年（1891年），康有为应陈千秋、梁启超之请，在广州长兴里万木草堂开始讲学，并为变法运动创造理论。其间，先后写了《新学伪经考》和《孔子改制考》两部著作。光绪二十一年（1895年），清廷与日本签订丧权辱国的《马关条约》，瓜分危机迫在眉睫。康有为趁入京应试的机会，联合各省应试举人1300余人，于四月初八日（5月2日）联名请愿，发动"公车上书"，请求拒和、迁都、练兵、变法，提出"下诏鼓天下之气""迁都定天下之本""练兵强天下之势""变法成天下之治"等改良派的救国纲领，但因种种原因未能上达天听。不久，康有为得中进士，授工部主事。同年，康有为呈送《上清帝第三书》，提出了变法的步骤，光绪帝才第一次读到他的上书。光绪二十一年，康有为在北京创刊《万国公报》（后改名为《中外纪闻》），并成立了强学会。光绪二十三年（1897年），德国强占胶州湾，康有为再次上书请求变法。次年，他和梁启超组织保国会，号召救国图强。光绪二十四年（1898年），光绪帝在颐和园勤政殿召见康有为，任命他为总理衙门章京，准其专折奏事，筹备变法事宜，史称戊戌变法。

康有为以上书和进谏的方式掀起了一场自上而下的政治体制改革，在我国历史上首次倡导政治体制上的中西结合，最早在中国提出立宪政体，并有具体实施方案。康有为吸收了西方自由主义的民权观，初步萌发了师夷制夷的民权思想，提出开辟鸿蒙的公民自治理论。可以说，康有为带来了依宪治国的曙光，燃起了反对专制的星星之火，在康有为之前，中国只有朝代更替，从无政体之变。

（二）尚武：扶危济困　胸怀天下

除了文化兴盛，佛山还是闻名天下的武术之乡，是中国南派武术的主要发源地。早在明初，习武之风已遍及佛山城乡。清末民初，武术流派更是百花齐放，涌现了大批武术家和武馆，现在广泛流行的蔡李佛拳、洪拳、咏春拳等，都与佛山有不解之缘。佛山武术文化底蕴深厚，武技兼容并包且能融为一体，形成了佛山武术最重要的一个特点：具有广泛的群众基础。

说起武术，不得不提的就是"佛山无影脚"——"岭南雄狮"黄飞鸿。他不仅武艺超群，还独特地将武术与舞狮相结合，开创了独具一格的"佛山醒狮"；除此之外，他还以"妙手仁心"为世人著称。黄飞鸿（1847—1925年），原名黄锡祥，字达云，号飞鸿，幼名飞熊。生于南海县佛山镇，原籍南海县西樵岭西禄舟村，是清末民初的洪拳大师，其父黄麒英是佛山十大高手之一。七八岁时，黄飞鸿就开始跟着父亲到佛山街头卖艺为生。同治八年（1869年），开始随林福成学习"铁线拳"及"飞铊"等绝技。同治十一年（1872年），移居广州，在第七甫水脚开设武馆。同治十三年（1874年），被广州三栏行聘为武术教练。约光绪三年（1877年），设馆于广州西关廻澜桥附近教徒授艺兼医刀伤跌打。光绪八年（1882年），黄飞鸿受聘广州水师武术教练。光绪十一年（1885年），记名提督吴全美聘黄飞鸿为军中技击教练。光绪十二年（1886年），辞去了军中技击教练职务，在广州仁安街设跌打医馆"宝芝林"。宣统三年（1911年）八月，任广东民团总教练。

黄飞鸿武艺高强且崇尚武德，推崇"习武德为先"，从不恃强凌弱，坚持以德服人。绝技有：双飞铊、子母双刀、五郎八卦棍、罗汉袍、无影脚、铁线拳、单双虎爪、工字伏虎拳、虎鹤双形拳、五形拳、罗汉金钱镖、四象标龙棍等。黄飞鸿一生以弘扬国粹、振兴岭南武术为己任，经其门人林世荣等整理的铁线拳、工字伏虎拳、虎鹤双形拳结构新颖，动作轻快，革除了以往南派拳法沉滞狭隘、动作重复之弊病。虎鹤双形，虎形练气与力，动作沉雄，声威叱咤；鹤形练精与神，身手敏捷，动作迅速。刚柔并用，长短兼施，成为飞鸿一脉之代表拳法，黄飞鸿因此在武林中享有"虎痴"之雅号。

黄飞鸿不仅武功超群，医术亦相当精湛。同治七年（1868年）起，黄飞鸿在西关廻澜桥附近设跌打医馆。光绪十二年（1886年），黄飞鸿在广州仁安里设"宝芝林"医馆，专治跌打损伤，骨科一绝。其驳骨疗伤之技，无人能出其右。宝芝林的声名在外和黄飞鸿本人的医德也有很大关系，悬壶济世，治病救人，

黄飞鸿狮艺武术馆

他不但不藏私，还向社会公开跌打酒浸泡方法和防暑凉茶验方，希望能帮助更多的老百姓。1924 年 10 月，广州发生商团暴乱事件，西关一带房屋被毁，仁安街"宝芝林"受累被焚。

此外，黄飞鸿还是著名的"岭南雄狮"。他对民间传统艺术醒狮进行挖掘、整理、刻苦训练，在原有南派醒狮技艺的基础上，吸收融入武术舞狮的技艺，将高桩醒狮、民间武术梅花桩与南派民间醒狮套路相融合，并汇入当地民间风格特色，技艺高难，编排巧妙，融舞蹈、武术、杂技于一体，结合力度和美学，形成新一派醒狮，流传至今。

黄飞鸿是佛山一张重要的"文化名片"。以黄飞鸿为题材，创造了大批艺术作品。其中，以黄飞鸿为题材的电影数量最多，影响最大。自 1949 年以来，拍摄了 100 多部，历久不衰，创下了吉尼斯世界纪录，为中国功夫电影的崛起作出了巨大的贡献，也成了世界电影史的不朽神话。

佛山武术人才辈出，拳种更是多达 60 余种，且多以民间自发传承为主。除了黄飞鸿的洪拳，蔡李佛拳、咏春拳、白眉拳、龙形拳是佛山最为出名的五大拳种。说起佛山武术第二个响当当的名片，就不得不提叶问了。叶问（1893—1972 年），本名叶继问，佛山桑园叶族人。祖籍罗村联星潭头村，其父亲因避"红头军"之乱，才搬往佛山桑园居住。与传统习武之人大多出身于草莽不同，叶问出身名门望族，代代书香，家境颇为殷实。叶问从小接受了良好的儒家教育，锦衣玉食，即使后来习武，举手投足之间，尽显儒雅斯文的气质，世人常说叶先生像郎中、像教书先生，很难让人想到是习武之人。叶问自幼身体瘦弱，且对传统教育的读书考功名兴趣寥寥，反倒是对拳脚功夫非常着迷。为了强身健体叶父便送其习武，由于志向在此，而且天赋极佳，叶问的武术精进飞速，很快在当地便小有名气。

7 岁时，叶问便拜入陈华顺门下学习咏春（陈华顺，南海拳王梁赞的得意弟子）。当时陈华顺年事已高，与叶问年龄相差 40 岁有余，故叶问也以华公相称。华公逝世后，叶问再随师兄吴仲素钻研拳技。后叶家督促叶问追求学业，文武双全以耀门楣。旋即，16 岁的叶问远离佛山，赴港求学，就读于圣士提反书院。后随梁璧（梁赞之子）学武，从小习武的梁璧，所习得的咏春拳法要系统得多，包括三套拳、木人桩、八斩刀、六点半棍等。在梁璧的支持下，叶问开始一边读书，一边学拳，武术技艺不断精进。直到 1913 年，叶问 20 岁时才离开香港，返回广东继承祖业；回到佛山，叶问一如既往地热爱咏春拳法，经常与师兄弟们切磋。在练拳的道路上，叶问兼容并蓄各家所长，随着跟人切磋比武的次数增加，开始崭露头角。随着抗日战争的全面爆发，叶家家产被夺，生活困苦，1943年至1945年期间，在佛山富商周雨耕及周清泉父子的帮助下，叶问在其名下花纱厂内授拳。抗战胜利后，叶问在当地警局任职，主要从事抓捕盗贼和劫匪的工作。1949年赴香港定居，先后在港九饭店职工总会、九龙利达街、李郑屋村、九龙兴业大厦等地教授咏春拳术，使得咏春拳技推遍港九，一举成名。

叶问不求名利，终其一生致力于发扬咏春拳术，对咏春拳术发展作出了杰出的贡献。他用22年把咏春拳散播到世界各地，使之成为国际享誉盛名的中国武术，也是现今最多外国人研习的中国武术。叶问因其出色的武德被尊为"一代宗师"。1954年，李小龙正式拜入叶问门下学习咏春拳。李小龙学习过很多种武术且重于实战搏击，他将咏春拳进行了改良和演变，创造出了迅疾如闪电的"截拳道"，风靡世界各地，成功地通过银幕把中国功夫推向全世界，维护国人的正面形象，并把功夫内涵上升到让西方主流文化击节赞叹的高度。李小龙以一己之力让世界对中国功夫重新审视，他也成了世界级功夫巨星。

（三）思变：通权达变　锐意进取

文武双全的佛山，从来不是坐享其成，归根结底是佛山人敢于改变现状、敢于向现实挑战。佛山俗语有云"执输行头，惨过败家"，佛山人敢为天下先，争喝"头啖汤"。这种锐意进取的精神与传统的务实、包容精神紧密结合，讷于言而敏于行，形成了独特的佛商文化。尤其是在近代中国，战火纷飞，城市手工业遭受严重打击，佛山并未因此裹足不前，而是发展民族资本，兴办实业救国救民，推动了近代工业的革新。

发展近代民族资本第一人的陈启沅被称为"岭南奇人"，正是被这种思变精神造就的一代传奇。陈启沅（1834—1903年），字芷馨，南海西樵人。道光十四年（1834 年）出生在西樵简村的一个亦儒亦农之家。他从小跟随父亲务农与学习，聪明伶俐，目光锐利，少年好学，但凡诸子百家、天文地理，无所不读，是远近公认的多才、多艺、多智之奇才。但其科举之途却很不顺，青年时两度乡试均失败，自此便以教学为生。

时值乱世，为了改变食不果腹的生活处境，咸丰四年（1854 年），陈启沅随在南洋经商的兄长陈启枢到越南，开设"恰昌荫号"丝绸杂货店，后又扩充经营米行、酱园及典当生意，这成了他事业的起点。目光锐利的陈启沅为拓展商务，往返于印支半岛及南洋各埠时，敏锐地发现，法国人所办的缫丝厂利用机器生产出来的洋丝柔软精美，而中国手工制作的土丝则粗细不匀。这刺激了他的神经，"仍未尝废农桑之心"，"反哺祖国"之愿油然而生。"工欲善其事，必先利其器"，于是他凭借自己的才智，不厌其烦地花了六七年的时间去研究西方的蒸汽机之学、缫丝之器及缫丝之法。学有所成后，他便毅然回国，创办自己的工厂。

陈启沅意识到家乡的种桑养蚕虽然兴盛，但缫丝方法却十分落后。同治十一年（1872 年），他策划筹建丝厂事宜，投资白银 7000 多两，独立设计缫丝机械设备。同治十二年（1873 年），中国第一家民族资本经营的近代蒸汽缫丝厂——继昌隆缫丝厂诞生。陈启沅也因此成为中国采用机器缫丝的第一人，并使中国缫丝业从手工作坊走向企业规模化管理、机械化生产、系统化经营，掀起了纺织业的第一轮工业革命。光绪七年（1881 年）夏秋间，由于蚕茧歉收，土丝上市量锐减，导致部分织造行业待料停工，人们将矛头指向机械缫丝，认为是工厂大量收购蚕茧，夺走织机工的生计，并发生了千人捣乱缫丝厂事件。由于南海知县徐赓陛愚昧保守，也视机械缫丝为异端，颁布《禁止丝偈晓谕机工示》，查封县内各缫丝厂的全部机器，勒令厂方签署"永不复开"的具结。至此，继昌隆面临了开创以来的最大危机，外有政府施压，内有宗亲非议，为免招来众忌，陈启沅被迫将缫丝厂迁至澳门。

光绪十一年（1885 年），陈启沅看准时机，建立了自动化世昌纶缫丝厂，外销量大增。同时，他在广州开设了昌栈丝庄，办理生丝出口业务。陈启沅的成功，引得原来靠旧法缫丝的业主纷纷仿效，三四年间，南海和顺德两县相继涌现出数十间机械化生产缫丝厂。而后不久，清政府海军衙门承认以继昌隆为首的机械缫丝厂是"有益于贫户之资生，无碍于商贾之贸易"，至此以陈启沅为代表开创的缫丝业得到昭雪，陈启沅的贡献也得到承认。在动荡变革的时代，陈启沅作为缫丝业的探索者，闯进了西方蒸汽机的知识领域，怀抱着一个"反哺祖国"的愿望，在反复考察中领悟缫丝奥秘，回乡创业，历经高低跌宕，始终自强不息，锐意进取。他根据自己的经验写成《蚕桑谱》1 卷、《周易理数会通》8 卷、《理源》7 卷和《陈启沅算学》13 卷，造福后人。此外，他还热心公益，践行企业家的社会责任，倡办克勤义学、对贫者赠医施药等，显示了一个爱国企业家的气魄与胸怀，是佛商求实开拓精神的典型代表。

佛山自古被称为"天下四大聚"，是"四大名镇"之一。繁华的商贸文化、精湛的手工技艺曾经风靡海内外，为国家社会发展打下了重要基础，也造就了佛山"藏富于民"的城市特征。但佛山人并没有小富即安，而是始终关心国家的前途命运，尤其从近代开始，佛山涌现出一大批为革命牺牲的英雄烈士，是他们成就了佛山光荣的革命传统和丰富的红色文化资源。

在佛山，几乎无人不知"刑场上的新娘"——陈铁军，她的故事感动了一代又一代佛山人，也教育了一代又一代佛山人。陈铁军，原名陈燮君，1904 年 4 月出生于佛山的一个华侨商人家庭，家境优渥。虽然从小衣食无忧，但陈铁军有着自己的想法和见解，她不愿成为传统的三从四德、精于女红的大家闺秀，而是向往知识世界，渴望多读书、开眼界。14 岁那年，在陈铁军的再三要求下，其父答应陈铁军和妹妹陈铁儿进入私塾读书。

1919 年，五四爱国运动的浪潮席卷佛山。广州女子师范学校佛山籍学生郭鉴冰带领一批同学到佛山，宣传五四反帝爱国思想。陈铁军深受启发，投身宣传活动中。次年，郭鉴冰毕业后返回佛山开办新型小学——季华两等女子小学（现为铁军小学）。陈铁军积极报名，成为这所学校的第一批高小学生，并以品学兼优的表现赢得老师们的称赞。小学毕业后，陈铁军不顾家人反对，来到广州坤维女子中学就读，得到语文老师、共产党员谭天度的教导，开始接受革命思想。此后，陈铁军与同班同学区梦觉等进步青年组建"时事研究社"，通过阅读马克思列宁主义读物，对妇女解放、自由平等有了深刻的认识。1924年秋，陈铁军考入广东大学（中山大学的前身）。求学期间，她把名字由"燮君"改为"铁军"，表示与旧我决裂，坚定革命道路。

1925年，陈铁军参加广州声援五卅运动的宣传工作。1926年4月加入中国共产党，先后担任中山大学的中共支部委员、广东妇女解放协会执行委员等职务。在中国共产党领导下，广州的群众革命运动如火如荼地展开。陈铁军自觉地、积极地到工人中接受锻炼。她到手车夫工会劳工子弟学校教书，到罢工工人家属中去工作，跟她们一起打草鞋、缝衣服，支援北伐大军。工人都把她当成自己人，敬重她又疼爱她。

1927年4月15日，国民党反动派发动"四一五"反革命政变，疯狂屠杀共产党人和革命群众。陈铁军机智地逃离了被反动军警包围的中山大学，化装前往广州柔济医院，通知因难产住院的中共两广区委妇委委员邓颖超撤离广州，脱离险境。同年12月，广州起义爆发，陈铁军积极参加，负责联络工人、运送武器等工作。广州起义失败后，陈铁军前往香港。1928年1月，根据中共广东省委的指示，陈铁军与中共广州市委委员周文雍返回广州，重建中共广州市委秘密机关，开展革命活动。同年2月2日，因叛徒告密，陈铁军与周文雍不幸被捕。在敌人的严刑拷打和名利诱惑下，二人始终顽强不屈。2月6日，陈铁军和周文雍在被押赴刑场前，宣布结婚，在敌人的铁窗下留下一张合照。这成了他俩留给党和人民的革命英雄儿女最好的纪念物。最后二人英勇就义于广州红花岗，陈铁军时年24岁，周文雍时年23岁。

陈铁军被佛山人亲切地唤为"佛山女儿"，她家境富裕，生活本可无忧无虑，但在青少年时期已冲破封建守旧思想，主动接受新式学堂教育。她反对家族安排的婚姻，从富家千金变成学生运动和革命的积极分子。陈铁军加入中国共产党后，积极组织工农妇女加入革命运动，为中国革命事业作出了不朽的贡献。2009 年 9 月 14 日，陈铁军和周文雍被评为 100 位为新中国成立作出突出贡献的英雄模范人物。这是佛山人的骄傲，更是佛山人学习的榜样。

三、技达天下：匠心不移薪火传

　　作为一座制造业城市，佛山内蕴深厚的工匠文化基因。这种基因已深深嵌入佛山这座千年古城的文脉肌理，成就其为一座独具匠心的人文城市。从佛山的陶艺、龙舟、粤剧、武术、醒狮、美食等非物质文化遗产中，都能窥见佛山代代相传的工匠精神。

（一）陶艺：石湾瓦，甲天下

　　1977 年，佛山的石湾河宕村发现了新石器时代晚期遗址——河宕贝丘遗址，遗址中出土了大量几何印文陶片，距今约 5000 余年。这一重大发现，使佛山的制陶历史上溯到了新石器时代。佛山由此也获得"南国陶都"的美誉，石湾陶塑技艺也在岭南大放异彩。

　　石湾陶塑技艺萌芽于汉唐时期，是在日用陶器的基础上发展而成。到了宋代，石湾陶逐渐注重烧制兼具装饰性和实用性的艺术器皿，并不断融入社会大众的日常生产生活中。明清时期，石湾的陶瓷制作与生产更是达到鼎盛，在当时就以"石湾瓦，甲天下"享誉海内外。建于明代正德年间（1506—1521 年）的南风古灶，是世界保存最完好、持续使用时间最长的传统柴烧龙窑，窑火不熄至今 500 多年，被誉为"陶瓷活化石"。南风古灶不仅见证了佛山传统制陶产业的兴盛与繁荣，也向后世展示了佛山古代陶塑技艺的精湛绝伦。石湾陶器由此也与景德镇瓷器齐名，并称"石湾陶、景德瓷"，成为数千年来中国陶瓷的精髓。

随着时代的发展，石湾陶塑技艺吸纳百家之长，不断生产出具有鲜明岭南风格的陶艺品，主要有人物陶塑、动物陶塑、艺术器皿、山公微塑、瓦脊陶塑等五大类。这些陶艺品不仅造型独特、纹饰丰富，而且表现题材也紧贴社会大众的日常生活。尤其人物、动物类陶艺品，因其形神兼备、气韵生动、高度写实和适度夸张相结合，兼有生活趣味和艺术品位，被世人称为"石湾公仔"。"公仔"是具有佛山特色的词语，意为"小娃娃""小人儿"。"石湾公仔"不仅是可爱的"石湾小娃娃"，还有各种历史、神话传说、小说戏剧人物等，都能成为"公仔"的素材来源。此外，反映百姓渔樵耕读等日常生活，以及花鸟虫鱼、野兽家畜等百姓所熟知的事物，也是"公仔"的种类和题材，形式多样、栩栩如生。

石湾公仔

石湾陶塑技艺主要体现在陶塑的制作过程中，这个过程大致包含构思创作、泥料炼制、成形、装饰、上釉、龙窑煅烧等环节。其中煅烧的火候最能体现陶塑制作的匠心独运，只有技艺娴熟的陶塑艺人才能自如掌控。在陶塑艺人的灵巧双手和毕生智慧中，石湾陶塑造型达到了"百物百形、千人千面"的艺术境界，较少雷同而且刻画细致入微，具有传神、古拙、厚重的艺术创作风格，被郭沫若称赞为"巧夺天工凭妙手，石湾该是美陶湾"。2006年，石湾陶塑技艺入选第一批国家级非物质文化遗产名录。2018年，石湾陶塑技艺被列入文化和旅游部、工业和信息化部联合发布的第一批国家传统工艺振兴目录。以石湾陶塑技艺为代表的佛山陶艺文化，成为佛山陶瓷产业繁荣兴盛的重要基因密码，也是"佛山制造"的生动呈现。

（二）龙舟：扒龙船，争上游

"人间大竞渡，水上小绕灯。"这是对佛山龙舟竞渡现象的最早文字记载之一。显然，佛山的龙舟文化与佛山的自然环境相关。佛山地处珠三角腹地，河道纵横交错、水网密布交织，舟在历史上是佛山民众出行的重要交通工作，因而龙舟竞渡也成为佛山本土极为普及的一项民间活动。佛山人将划龙舟称为"扒龙船"，将划龙舟的桨手称为"扒仔"，"扒仔"们通过扒龙船团结拼搏、力争上游、竞渡夺锦。每年端午及重要节假日，佛山各村落都举行赛龙夺锦，人气鼎盛、热闹非凡、精彩纷呈。

关于龙舟的起源，流传最广的是其源于人们对楚国爱国诗人屈原的纪念。屈原身上所具有的爱国和宁死不屈的精神传承千年，超越了地理界限，成为中华民族的普遍文化认同和精神印记。由纪念屈原而兴起的划龙舟活动，后来也成为一项流传历史悠久、流行疆域辽阔、深受群众喜爱的民俗娱乐活动和体育运动。经过2000多年的发展，佛山的"扒龙船"将龙舟文化发扬光大，并通过龙舟竞渡活动赋予其更深的文化内涵。

佛山的龙舟文化体系拥有一套完整的程序和神秘的礼仪，包括起龙、采青、招景、探亲、迎龙、龙船盛会、洗（喝）龙船水、吃龙船饭、散龙和藏龙等，保留了岭南水乡的原生态文化气息。同时也形成了龙母诞、龙眼点睛、龙舟说唱等非遗文化和民俗传统，在国内外产生了重大影响。

作为一种水乡文化记忆、原始精神图腾，龙舟以其积极向上的品格，激励着一代代佛山人在时代变迁中敢饮"头啖汤"，这种敢为人先、奋勇争先的精神也深深融入了佛山人的血脉之中。中国龙舟看佛山，佛山龙舟看叠滘。叠滘赛龙舟主打龙船漂移，可以说是龙舟界的"秋名山"。与普通龙舟赛事的直道竞速不同，在叠滘龙船漂移赛事中，25 米龙船需要满载着三四十人，在 S 形、C 形、L 形和直线的狭窄河道上漂移过弯，宛如赛车漂移：娴熟者留下漂亮的弧度，赢得满堂彩；不慎者则可能翻船、撞船。

在叠滘龙舟赛中，有一句人人皆知的口号——"宁可煲烂，不可扒慢"。宁可把船撞烂，也绝不能减速，这就要求"扒仔"具备奋勇争先、敢于拼搏的过人胆识和冒险精神。这种胆识和精神，也成就了佛山人直面困难、大胆破题的改革创新意识。在不断面对新的机遇和挑战的过程中，佛山人永不后退，迎难而上，突围前行。此外，佛山的龙舟文化也蕴含着向内聚力、向外包容的精神内涵。在佛山扒龙船不仅意味着激烈的比赛，还蕴含着人与人、村与村之间的沟通。以龙舟为媒，五湖四海的人们被这浓厚的仪式感所吸引，"佛山龙舟"的金字招牌也由此近悦远来。

（三）粤剧：南国红豆谱新曲

"梨园歌舞赛繁华，一带红船泊晚沙，但到年年天贶节，万人围住看琼花。"这首清代竹枝词描写的正是佛山粤剧演出的盛况。发源于佛山的粤剧，出现在明朝嘉靖年间（1522—1566年），受到弋阳腔、昆腔、汉剧、徽剧及秦腔等多个剧种的影响，并与广府语言文化相结合，自成体系，有着浓郁的岭南特色，被周恩来总理赞誉为"南国红豆"。

清初，佛山戏剧活动相当兴盛，因不断吸收广东音乐、民谣曲律，改用粤语演唱，融入南派武术，使用大锣、大鼓、大笛、喉管，形成了生动传神、语言通俗、声腔独特、武打新奇的风格，是群众喜闻乐见、雅俗共赏的一大地方剧种。粤剧戏班以红船作为交通工具巡回演出，故粤剧艺人又称为"红船子弟"。

清雍正年间（1723—1735年），北京名伶张五不满清制，言论反清，以致被通缉。张五化装逃亡来粤，寄居佛山镇，以京剧昆曲教授红船子弟，建立"琼花会馆"，是粤剧界最早的戏行组织，每当迎神赛会、逢神诞等，佛山都要上演粤剧。

清咸丰四年（1854年），凤凰仪粤剧戏班名艺人李文茂，与广东天地会首领陈开合举义旗，将数千红船健儿编为三军，皆衣冠戏服，头扎红巾，称"红巾军"，在广州起义。义军运用粤剧跟斗跳跃之技，攻城略地。占领佛山镇时，曾以琼花会馆作为义军大本营。起义失败之后，清廷下令禁演粤剧，琼花会馆也被付之一炬。李文茂率粤剧艺人起义，是世界戏剧史上一次史无前例的壮举。

粤剧原有末、生、旦、净、丑、外、小、夫、贴、杂十大行当，后精简为文武生、小生、正印花旦、二帮花旦、丑生、武生六类，是根据角色的年纪、性别、性格、外形等特征来分类的。"生"代表男性角色，"旦"代表女性角色，"净"是性格刚强暴躁的男性角色，"末"代表老年角色，"丑"是滑稽角色。

粤剧演员的表演工艺分为四大基本类别——唱、念、做、打。"唱"是唱功，配合不同的角色有各自不同演唱的方式，包括平喉及子喉。平喉是平常说话的声调，一般男性角色小生采用平喉演出；子喉比平喉调子高了八度，常常以假音来扮演女性角色。"念"是念白，念出台词，用说话交代情节、人物的思想感情。"做"是做功，指身体表演，包括手势、台步、走位、关目、做手、身段、水袖、翎子功、须功、抽象表演和传统功架。"打"是武打，如舞水袖、水发、玩扇子、舞刀弄枪、耍棍挥棒，舞动旗帜等。

粤剧还深受港澳同胞以及海外华人的喜爱，是中国最先走向世界的剧种之一，被联合国教科文组织列入人类非物质文化遗产名录。

佛山粤剧

（四）武术：尚武之风遍民间

自古以来，佛山尚武之风盛行，民间有众多武师，作为佛山武术形象代言人的黄飞鸿，其实只是佛山武师的一员，由于被影视渲染而深入人心。此外，还有叶问和他的弟子李小龙，也是人尽皆知的一代武术宗师。在佛山这片武术热土上，武林高手辈出，并开创出众多拳种。如洪拳、咏春拳、蔡李佛拳等在世界上流行的拳种，都发祥于佛山。

唐宋时期，中原人口大量南迁，推动了北方武术传入佛山，使其与佛山本土武术相结合，形成了新的武术体系。明代佛山民间的习武风气渐浓，已经出现了完整的拳械套路，融汇南北门派的佛山武术体系也日渐完善。而且当时岭南沿海地区多有倭寇之患，佛山由于地势平坦，地处珠三角出海交通要塞，为兵家必经之路、必争之地，而且朝廷派驻佛山的兵力很少，也没有城墙工事，因此佛山民间为求自保，就一直保留着习武强身、自卫防御的传统。后来朝廷为了加强岭南海防，大力征募乡兵与乡勇，也使得佛山的习武尚武风气高涨。

明正统十四年（1449 年），黄萧养率领数万人围攻佛山时，佛山乡绅梁广、冼灏通等二十二人仅用一天时间，就组织起能征善战的乡勇，成立忠义营，竖木栅、挖壕沟、备器械，带领佛山民众共同抵抗达 6 个月之久，最终得以解围，使佛山免于生灵涂炭。在这场战事中，佛山在没有任何外来力量支援的情况下，迅速将乡民组织成为精兵，这都与佛山民间长期注重习武、开展技击训练分不开。

佛山人习武尚武的风气，还与佛山自古以来发达的手工业、工商业息息相关。明清时期，佛山经济繁荣、商贾云集、工商业发达，成为"四大名镇""天下四大聚"之一。当地许多大户人家聘请武师上门教子弟练习武术，既强身健体又能保卫家园。而大批在佛山以辛苦劳作谋生的劳动者，则加入武馆练拳习武，希望通过习武来强身自保、抵抗阶级欺压。习武成为当时佛山社会底层、普通百姓生活安宁的保障。这种全民习武的风气，也进一步推动了专业武师队伍的壮大。

近代以来，各大南派的武术拳种纷纷在佛山设馆收徒，涌现出黄飞鸿、梁赞、张炎等一批武术名家。1921 年成立的精武体育会将太极拳、鹰爪拳、螳螂拳等北方拳种融入南派武术，使佛山武术呈现蓬勃发展的趋势。尤其在革命战争年代，佛山武术更是承担起革命斗争的光荣使命。从李文茂起义到鸿胜馆弟子参加辛亥革命、抗日战争等，佛山武术在近现代革命斗争中作出了重要贡献。

（五）醒狮：传奇狮头耀中华

狮子是中国人民心目中的瑞兽，象征着吉祥如意，从而在狮舞活动中寄托着民众消灾除害、求吉纳福的美好意愿。起源于佛山的醒狮，流行于岭南沿海地区及东南亚等国家，是世界上最具影响力的民间狮艺之一。

"未学舞狮，先学武术"，舞狮腰马的稳健和肘腕的功劲，必须通过习武而获得。舞狮者只有在扎实的武术功底基础上，才能运用不同的马步和腕力，

佛山醒狮

配合狮头动作，将狮子的喜、怒、哀、乐、动、静、惊、疑八种形态鲜活地展示出来。这种融入南派武术的舞狮技法，也造就了佛山"狮武合一"的传统，形成了佛山武术与醒狮表演融为一体的特色。佛山醒狮表演过程的套路众多，主要有"采青""高台饮水""狮子吐球""踩梅花桩"等。其中，"采青"是醒狮的精华之处，有起、承、转、合等过程，具有故事性和戏剧性。醒狮表演还借鉴和运用传统戏剧的艺术手法，通过情境虚拟、扎架、亮相、造型、敲击乐等的烘托，对狮子的心理活动进行生动渲染，演绎出各种活泼有趣的情节。

将武术、戏剧元素等融入醒狮表演，还有一段传说。李文茂起义失败之后，清政府对粤剧艺人深恶痛绝，不但要求解散所有粤剧戏班，焚毁戏行"琼花会馆"，还下令追杀粤剧艺人。为逃避被清兵杀害，粤剧艺人有的隐姓埋名，藏匿各地；有的改行，流亡他乡——但是反清意志从未改变。当时清政府为防止汉人再次起兵作乱，下令禁止汉人练习武艺。于是，练武之人只能关门修炼而不敢公开。藏匿起来的粤剧艺人因为有戏剧的基础，他们很快想到办法，利用舞狮来练武。由此也形成了狮剧表演，在舞狮技术上除了原有的狮子舞，还融入了武术的步法、身法、手法、腿法，再结合粤剧的功架，配以锣、鼓、钹等敲击乐器，使得狮剧表演更有观赏性、艺术性，也有效代替武艺训练。

当代佛山醒狮除了是学习武艺锻炼身体的一种竞技表演之外，其狮头制作也是一种具有鲜明地方特色的工艺过程。制作佛山狮头的艺人，吸取广东石雕狮子的制作精华，创造出一个与北狮相区别的威武雄伟、生动活泼而形神兼备的南狮艺术形象。制作佛山狮头的过程主要分为扎作、扑纸、写色和装配（饰）四大工序，其中尤其注重图案的装饰和写色的手感效果，使狮头成为一件扎作精致、牢固结实、造型美观、花纹精细的工艺品，呈现别具一格的浪漫主义艺术风格，也展示了制作狮头的佛山手工艺人的精湛技艺。

佛山醒狮将武术、舞蹈、音乐、狮头扎作等融为一体，成为地道的民间艺术，深受民众喜爱。因而，每逢年节和重大喜庆活动，佛山人都会以狮舞表演助兴，历代相传，经久不衰。

（六）美食：舌尖美味暖人心

佛山厨师的粤菜厨艺，一直受美食界推崇。一鱼烹百味，佛山人吃鱼可谓花样百出。相传一条土鲮鱼到了佛山厨师的手上，就有 180 种做法。他们能像庖丁解牛一般用刀工去除鱼身上的所有骨刺，切成无骨鱼片，用来"打边炉"（涮火锅），味道鲜甜。鱼骨用来煎焗，鱼皮凉拌，鱼肠可以煎蛋，甚至鱼鳞都能做成美味。

被称为"中华美食活化石"的顺德鱼生，是当今世界两大生食流派之一。鱼生在古代被称为"鱼脍"，《本草纲目》里面记载，"鱼脍甘温无毒，温补，去冷气湿痹"。鱼生的做法，讲究的是一个"薄"字，每片生鱼片都不超过 0.5 毫米，薄如蝉翼，晶莹剔透，最能彰显鱼肉的鲜美和柔嫩。吃鱼生又被称为"捞鱼生"，在粤语中，"捞"字语带双关，除"拌捞"之意，还寓意事业发展兴旺。在饭桌上，厨师会把预备好的蔬菜丝放在一个大盘子里，其他佐料则分开放置，每道食材都有其独特的吉祥寓意。起筷前，先把食材一一倒入盘子里，最后一道入盘的是生鱼片，寓意"风生水起"。众人把食材夹起拌匀，站起来共同捞起，捞得越高越吉利。这种跨越千年的捞起食生习俗，把佛山人不懈追求鲜活食材与美好生活的愿望彰显得淋漓尽致。

还有禅城的扎蹄、南海的秋茄、三水的河鲜、高明的濑粉等，都是能让人回味无穷的佛山特色美食。比如始于清乾隆时期的扎蹄，就跟平常将猪手焖、炖、蒸的做法不同。厨师先把新鲜猪蹄刮净去骨，但又不将皮割破，把肥的猪脊肉和不带筋膜的精肉切片，重新塞入猪蹄内。用水草扎好猪蹄后，再浸入卤水中慢煮。炮制完成后，切片拌上酱油葱蒜，弹润软糯、肥而不腻。扎猪蹄非常讲究功夫火候，就算经验老到的厨师，一天最多也只能扎蹄 20 多个。

　　佛山人对美食的执着由此可见一斑，而美食的"美"，则源于佛山人的"讲究"，既吃得精细，在意食材的原汁原味；也注重对食物做精细处理，巧用妙手，激发出食材的新鲜本味，打开舌尖的味蕾，直达美好而温暖的内心深处。除了美味的食物，佛山的美食文化还包含了对食物的敬畏和感恩之心。在佛山人的心中，每一道美食都是大自然的馈赠，都值得珍惜和感恩。佛山人尊重食材，尊重传统，更尊重每一个为美食付出努力的人。这种人文情怀，让佛山美食不仅是一种味觉的享受，更是一种心灵的滋养。

顺德鱼生

　　回归到佛山美食文化的逻辑原点，可以发现，佛山的美食文化其实还跟其发达的制造业有关。历史上，佛山制造业对其本土美食文化的支撑，主要体现在佛山铸造行业为餐饮行业提供全套的制作工具，如铁锅、铁铲、铁灶、菜刀、瓦缸、面盆、油埕等，这些"装备"是推动佛山美食快速发展的重要力量。以铁锅为典型，佛山人称铁锅为"镬"，通过铁锅来炒菜，炒出来的菜要有"镬气"。"镬气"是一种复杂的混合味道，既有不同食材在铁锅里翻炒所散发出的各类香气，又有各类调味料的香气，还有铁勺与铁锅摩擦产生的铁香气，这些香气在热气中融合成的气味，就是"镬气"。毫无疑问，要做到"镬气"充足，除了精湛的厨艺，还必须要有一口好锅。而佛山本土出产的铁锅，历史上就是"制作精良，他处不及"。这种质量上乘的铁锅，自然也就促成了充满"镬气"的佛山美食文化。

第二章

"有家就有佛山造"誉满全球

　　有人曾做过这样的统计：佛山拥有很多世界之最，中国第一台双门双温电冰箱、中国第一台全塑料风扇、世界第一台消毒碗柜、中国第一台分体式空调、中国第一台超薄型水控式全自动燃气热水器……；陶瓷产量世界第一、电风扇产量世界第一、微波炉产量世界第一、冰箱产量世界第一、空调产量世界第一、铝型材产量世界第一、消毒碗柜产量世界第一、热水器产量世界第一、酱油产量世界第一……"有家就有佛山造"深入人心，成为佛山制造业最亮丽的名片。

一、根深叶茂：厚植民营经济发展沃土

　　佛山是制造业大市，同时也是民营经济大市，民营经济在佛山经济发展中具有举足轻重的作用，贡献了六成以上的 GDP、七成以上的税收、八成以上的工业增加值、九成以上的企业数量。民营企业家是佛山制造的重要缔造者、见证者和支撑者。

　　在改革开放 40 余年来民营经济发展的生动实践中，佛山催生了美的、联塑、海天、新明珠、格兰仕、东方精工、坚美铝材等一大批制造企业；涌现了何享健、杨国强、方洪波、梁庆德、叶德林等一批优秀的民营企业家，他们扎根本土、坚守实业、锐意进取、不断创新，在中国市场经济的大潮中屹立不倒，有力支撑了佛山跻身万亿地区生产总值城市行列。

（一）敢为天下先：民营企业破土而出

　　1978 年后，党中央将广东作为以市场为导向对外开放的改革试点地区。在这一背景下，佛山大力发展乡镇企业，为民营经济发展奠定了基础。顺德和南海表现尤为突出，形成了典型的"顺德模式""南海模式"。

　　当时，顺德提出"以乡镇办工业、骨干企业和集体经济"的"三个为主"的发展思路，带动了村、组、联合体、个体企业共同发展。顺德北滘镇从 20 世纪80年代初就集中精力抓镇办骨干企业，很快将北滘镇打造成为以裕华、美的、南方为主的"风扇城"。1984年成立的顺德县二轻工业总公司是著名企业万家乐的前身，顺德桂洲羽绒厂是著名家电制造企业格兰仕的前身。

在南海，则是强调"六个轮子①一起转"，在全国首开将个体经济与其他所有制经济同等对待的先河。南海还对集体所有的土地产权进行结构性重组，推动农村集体建设用地入市，这一土地招商模式"招"入大量村办企业。1992年，原属平洲镇的夏西村内，村办企业多达90家，工业总产值超亿元。

1978年8月，容奇大进制衣厂成立，称为全国第一批"三来一补"②企业。随着大进制衣厂在顺德成立，佛山开始大力发展"三来一补"企业。这些"三来一补"企业是建立在佛山较为发达的集体经济基础上，且较早就把外资、技术和经营管理嫁接到原来的社队企业里，因此，在20世纪80年代末，佛山就开始从"借船出海"向"造船出海"转变，为90年代佛山民营制造业的繁荣提供了直接动力源。

顺德均安镇磁性材料厂就是一个典型例子。它的前身是一家镇办的生产发电机和柴油机的专业工厂，1982年通过接受港商来料加工学会了压制、充磁技术。1984年自制磁粉获得成功，建成了一个以铁磷为原材料的磁钢材料国产化的工厂，年产值达5000万元。

同一时期，一些"黄埔型"的企业也开始涌现。比如，曾经作为中国陶瓷行业第一家最大股份制企业的广东佛陶集团股份有限公司，早在20世纪90年代初期，就出现了一批"星期六工程师"。他们利用业余时间到周边的建陶企业"炒更"做技术服务，把佛陶集团先进的生产工艺和技术不断传播推广。后来，随着佛陶集团的衰落，大量的生产、技术、管理骨干和研发人员相继离开流散

---

① 六个轮子指的是县、公社、大队、生产队、个体、联合体。
② "三来一补"是指来料加工、来料装配、来样加工、补偿贸易。这些企业多从香港而来，分布在佛山、东莞、中山等珠三角地区，成为改革开放后珠三角外向型经济的源头。

到周边企业，为这些企业带去了大型国有企业独有的技术和管理经验，并间接催生了一大批新兴企业的成长。现在金意陶、简一、欧神诺、科达洁能、奔朗等佛山知名陶企的创始人都有在佛陶工作的经历。佛陶也因此被称为佛山乃至全国建陶企业的"黄埔军校"。

（二）敢吃天下苦：民营企业茁壮成长

1992 年，邓小平同志南行时曾到顺德考察，就是在这里，他提出了"发展才是硬道理"的著名论断。同年，顺德被确定为广东省的综合改革试验市。1993 年，顺德按照"抓住一批、放开一批、发展一批"的思路，义无反顾地开展了公有企业产权制度的改革探索，将一批优质公有企业推向市场，极大地激活了企业发展活力。

在企业产权制度改革中，顺德提出了"靓女先嫁、靓企先改"等口号，即鼓励让好的企业先转制，科龙、美的、格兰仕等一批企业纷纷开始转制。以美的为例，1968 年，在佛山市北滘镇，何享健联合 23 位居民，凑资创办了"北滘街办塑料生产组"。从塑料瓶盖开始，何享健开始了最基础的创业，小组从生产瓶盖转向生产发电机的小配件，一步一步发展为街道企业。1992 年，美的参加顺德第一批企业产权制度改革，并成为全国第一家完成股份制改造的乡镇企业。1993 年 11 月 12 日，美的成为中国第一家乡镇企业改制后的上市公司（深交所）。当时北滘镇政府依然持有美的 40% 左右股权。

1999 年，北滘镇政府意识到"孩子养大了，该放手了"，便退出了所有美的股份，美的由此变成彻底的民营股份制企业。美的集团的转制成功为之后的战略发展打下了很好的基础。

1997 年 11 月，《人民日报》连续三天报道顺德综合改革经验，之后顺德的改革经验被全国各地借鉴和推广。

除了顺德，在南海、禅城、三水、高明等地也开始了大规模的"国转民"，诸如昭信集团、海天、肯富来、健力宝等在10余年中先后进行了产权制度改革。产权制度改革是佛山20世纪90年代城市经济改革的主旋律，没有产权改革的成功，就没有佛山经济社会的大发展。

在产权制度改革的不断推进下，不少原来的乡镇企业纷纷与政府"脱钩"，同时草根办企业的人数越来越多，一大批民营企业开始涌现。比如，家电行业的志高、万和，涂料行业的美涂士，陶瓷行业的蒙娜丽莎、新明珠等企业均创立于这一时期并得到迅速发展，逐步发展成为各细分领域的龙头。从镇办企业珠江冰箱厂改制而成的广东科龙电器股份有限公司，在1983年试制第一台冰箱后，不断研发新的科技产品，到1993年，科龙产值达到18亿元。1995年，其在全国500家最大的工业企业中名列第147位，成为中国企业的"巨龙"。

产权制度改革红利，催生大批民营企业的"热潮"，形成"一镇一品"式的专业镇经济形态，镇域经济蓬勃发展。佛山陶瓷、顺德家电、西樵纺织、张槎针织、大沥铝型材、乐从家具……这些响当当的区域品牌背后，都有一个个规模庞大、产业链条完善的产业集群作为支撑。脱胎于乡镇企业的佛山民营企业不断繁衍，从"一镇一品"专业镇裂变出全国最大的空调、电冰箱、热水器生产基地，全球最大的风扇、电饭煲和微波炉的供应地，全国乃至亚洲最大的家具原材料集散中心、全球最大的家具采购集散地……

同一时期，国内出现了公务员辞职下海潮和普通人创业潮，这股浪潮也进一步促成了佛山草根经济的繁荣。据人社部数据显示，1992年，中国有12万公务员辞职下海，1000多万公务员停薪留职。还有不少草根来到南粤这一改革前沿阵地进行创业，也有一些乡镇企业管理层独立出来创业。佛山欧神诺陶瓷股份有限公司董事长鲍杰军、广东东方精工科技股份有限公司董事长唐灼林、美涂士集团有限公司董事长周伟健、佛山维尚家具制造有限公司董事长李连柱等都是其中的典型代表，这些企业都是日后佛山民营企业的佼佼者。

（三）敢蹚天下路：开放化、专业化转型

2001 年，随着中国加入世界贸易组织，民营经济开始向开放化、专业化转型升级，佛山民营经济参与全球产业分工的程度也随之加深，尤其是 2003 年前后掀起外商投资佛山潮，加速了佛山民营经济的全球化。

与早年佛山以港澳台资本占绝对优势相比，进入 2000 年后，港澳台资本迅速下跌，外资则不断增加。一方面，越来越多的外企与佛山民营企业成立合资公司。另一方面，外商独资企业也不断增加，带动了佛山本土产业集群的壮大，完善的产业供应链给本土民营企业带来利好。据有关统计，2004 年到 2006 年期间，共吸引世界 500 强公司在佛山投资 45 家企业，这一数据则超出了前 20 多年的总和。

2010 年，一汽大众的进入更是让佛山迎来少有的百亿项目，带动了接近 2000 亿元的配套产业链，到 2013 年已有 41 家整车配套的核心零部件配套企业及物流项目落户佛山，壮大了佛山民营汽车产业集群。

加入世贸组织后，佛山纺织、陶瓷、家电、家具、机械等轻工制造业对于贸易平台的需求越发凸显，专业市场发展逐渐成熟，环市童服城、中国陶瓷城、澜石国际金属交易中心、广东夏西橡塑城、佛山市国通物流中心、乐从家具市场等专业性的商贸平台不断涌现。

2000 年，原佛山市环市街道办投资近 1 亿元开发了环市童服城，该商城总建筑面积 15 万平方米，集生产、销售、展示、信息和童装设计于一体，以该商城为中心，在顶峰时期方圆 15 平方千米区域内聚集了 4000 多家童装企业，童装生产厂房面积达 200 多万平方米，禅城也因此成为全国最大的童装生产基地

和童装直销物流中心。

与此同时，应传统制造业技改挖潜、清洁生产的需求，一批环保设备、先进装备制造、新材料等企业乘势而上，迅速壮大。如科达机电（现科达洁能）、伊之密、德冠集团等，均成立于 2000 年前后。

伴随着互联网的兴起，一些创新能力较强的公司从传统企业智能化升级中捕捉到商机。如成立于 2002 年的嘉腾机器人，早期经营五金件及电子产品相关设备，2005 年，开始立项研发无人搬运机器人（AGV），并在 2008 年推出了第一款简易型 AGV，正式进军搬运机器人市场。同样是在 2008 年，利迅达机器人开始筹建，并于 2012 年从不锈钢领域跨界切入机器人领域。

除了生产自动化，传统产业也随着淘宝网等电商平台的兴起而掀起销售渠道的变革。2006 年至 2007 年，依托本土的家电、家具产业集群，小冰火人、SKG、林氏木业等电商先锋在顺德成立，形成了最早的佛山电商企业军团。与此同时，传统产业纷纷触网，小熊电器、东菱、贝尔莱德、美的家电、林氏木业等家电、家具品牌在网络江湖崭露头角。

2010 年后，全球化趋势进一步加强，尤其是"一带一路"倡议的提出为企业提供了出海新机遇。这一时期，更多民企从代工者转为自主品牌出口者，凭借高性价比的产品打开国际市场。比如万和电气在 21 世纪初随着生产能力的提升开始做大外贸市场，出口到美国、东南亚、非洲等国家和地区的自主品牌产品显著增多。比如美的集团，在当时已在海外设立多个海外分支机构和生产基地。除布局销售网点与制造环节外，美的集团还积极引入国际化人才，对接全球创新资源，提高创新的速率。

在这一阶段，民营经济的发展进入一个前所未有的高速增长时期，民营企业创新转型带来民营工业占比首次过半，民营经济对全市经济增长的贡献率达到 61.1%，逐步成为支撑佛山经济的半壁江山。

（四）敢争天下强：创新引领发展

2012 年，世界经济复苏势头受挫，增速明显放缓。国内，随着原材料、劳动力成本增加，资源、环境对经济增长的约束力增强，经济发展面临的困难逐步增多，产能过剩矛盾突出，经济下行压力加大。

在此背景下，2012 年起，佛山产业积极加快转型升级步伐，引入"互联网＋"与智能制造技术，传统产业高端化趋势明显。如进行精密制造的中南机械对前沿的"3D 打印"技术进行研究，其"桌面机"成为国内首个出口土耳其的金属 3D 打印机；作为瓦楞纸生产商，东方精工通过并购涉足智能制造行业及新能源汽车领域。2012 年，美的提出三个"一"战略，即"一个美的、一个体系、一个标准"。基于这样的战略牵引，美的启动了数字化 1.0 项目，也叫"632项目"，开始了数字化、智能化转型之路。

在新技术涌动之下，"新民资"出现，大量 3D 打印、生物科技、机器人、芯片等战略性新兴产业在佛山爆发。佛山南海是口腔机械制造产业集聚地。2014 年，国家级专家杜如虚及广东唯一一位 2014 年"中国留学人员归国创业人才"陈贤帅共同在佛山创立了安齿科技，团队经过数千次的实验后，在 2016 年5 月取得重大突破，不仅研发出可以比肩世界一流水平的通用型牙种植体，填补了国内空白，还首创了基于影像技术和 3D 打印技术的个性化种植体，更把相关技术衍生到口腔颅颌面的创伤救治、美容整形和癌症修复等领域，甚至开发出可以即拔即种即植入的创新产品。中科安齿成为全球仅有的三家掌握"亲水性"表面处理技术的牙科种植体生产机构，让百姓以更优惠的价格用上"国产种植牙"。

在供给侧结构性改革推动下，一些平台型企业出现，旨在整合行业资源以集体采购、融资、抱团出海等模式，重塑行业生态，降低单个企业发展成本。

2016年3月,由东鹏陶瓷、新明珠陶瓷、中国陶瓷集团等多家佛山陶瓷界一线知名企业共同发起,采用"B2B+O2O"模式,旨在打造出一个让陶瓷行业采购方和供应方直接对接的平台——众陶联正式成立。2017年6月,在中国合成革产业基地上,作为"众塑联"产业平台发起人,27家企业负责人齐聚高明进行集体签约,一个整合全国塑料资源的产业平台正式诞生。两个多月后,提出要为"牛仔产业提供更多可能",贯彻供给侧结构性改革有益尝试的平台——众衣联在顺德均安成立。

另外,佛山企业加快资本出海,向欧美等发达国家发起跨国并购,通过在"一带一路"沿线进行产业布局寻找企业新增长点。最为轰动的事件莫过于美的对全球四大工业机器人之一——德国库卡集团的收购。

2015—2016年,国内家电行业日趋饱和,已经走过了高速扩展粗放发展的阶段,增长速度放缓。传统的家电行业布局已经无法应对今后的挑战,只有通过向外扩张兼并同行业高水平企业、开拓新业务和提高内部精细化管理水平才能带动企业新发展。为此美的推出了"双智战略",即"智慧家居 + 智能制造"。对美的而言,实践"双智战略"不单单是为了提高美的的劳动生产率和制造水平,同时也是布局全球机器人市场的重要一步。具体来说,"智慧家居"和"智能制造"战略分别瞄向服务机器人市场和工业机器人市场。2015年美的新成立了机器人业务部门,在机器人产业拓展上全面布局。

在工业机器人这一领域,德国的库卡集团很快进入了美的的视野。2015年8月,美的集团通过境外全资子公司MECCA第一次买入了库卡5.4%的持股比例。2016年2月,美的又将所持库卡股份的比例迅速提升到了10.2%,从而成为这家全球知名工业机器人公司的第二大股东。2016年5月,美的集团正式向库卡集团发出收购要约。这一消息公开发布后,在国内外政界、商界引发了巨大的震动。许多人表示,在各国高度重视高科技核心技术保护的当下,一家中国民营企业想要收购欧洲一家经营业绩良好、发展前景广阔的高科技企业,简

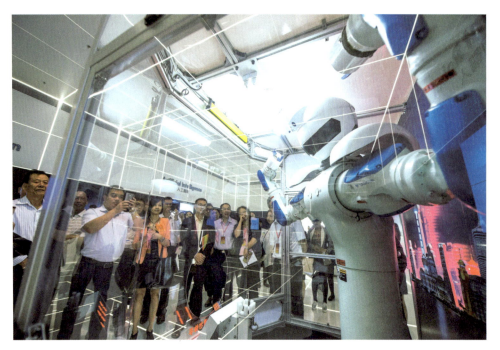

随着库卡、高创等并购，美的正逐步从中国家电企业向全球化科技集团转变

直是异想天开。2017 年 1 月 6 日，美的以 292 亿元人民币、溢价 36.2% 成功收购德国库卡，持股比例超过 94.5%。2022 年，美的集团在四季度完成对库卡的全面收购并私有化，标志着美的集团对库卡的全面控制。2023 年 7 月，在库卡创建 125 周年庆典上，其 CEO 摩恩公布了 2023 年库卡销售额将达到 40 亿欧元，这是库卡 125 年历史上的最高纪录，显示了美的集团并购后对库卡业绩的积极影响。

回顾改革开放 40 余年来民营经济发展的生动实践，佛山可以说是拥有"中国最为完整的民营经济发展史"，在民营经济发展大潮中形成了特色鲜明的"佛山模式"，称得上是一个典型样本。

政府的"有形之手"催生民企高质量发展。在中国，进行改革开放试验的有很多城市，但与其他城市不同的是，佛山的发展一直很稳健，没有大波动，整个城市一直坚守实体经济的发展，并不断升级。从 2004 年起，佛山市委、市政府建立促进民营经济发展联席会议制度，出台相关政策措施，加大对民营经济的扶持力度。近年来，佛山市委、市政府通过出台"佛十条"等政策文件，推动企业技改升级、引导金融与实体经济结合，围绕"破、立、降"发力，切实降低企业运营各方面的成本，通过企业降成本加快推进供给侧结构性改革。联邦集团董事局主席、首席执行官杜泽桦认为，在这家企业33年发展过程中，相比具体政策的出台，佛山"敢为人先"的作风为民企创造宽松的环境，给企业发展带来更大鼓舞。

政府权力下放，不断激活民营经济发展活力。佛山市政府在服务民营经济发展的整个历程中，舍得权力下放到区镇一级。全市90%以上的行政许可、公共服务事项等办理都下沉到区、镇一级。即使在最敏感、最核心的财政问题上，佛山市级财政年占比仅为全市财政的10%～15%，其余的财政下沉区、镇一级。佛山从始至终一直在选择"放权"，放权在广东其实是普遍事件，但能像佛山将市级财政留存压得这么低的城市也仅此一个，单单从市级财政留存比例来看，佛山在全国也别具一格。即使后来佛山设立五区，佛山市政府没有独揽大权，反而将自主权和财政等全部下沉，这种高要素、权力分散、下沉聚集的城市，往往会激发本土经济的活跃，促进民营企业的发展，极大地缩小区域发展差距。所以，佛山有了民营经济发展的沃土才会有高创收，这也造就了佛山的富裕。

民营经济推陈出新，新经济发展势头良好。佛山民营经济在传统优势产业基础上，紧跟全球技术革命和产业变革步伐，不断推陈出新。以新技术、新产业、新业态、新模式等"四新"经济为代表的新经济不断涌现，新旧动能转换顺畅，以智能制造作为传统产业转型升级主攻方向。佛山积极促进信息化与工业化、数字经济与实体经济深度融合，充分运用数字化、网络化、智能化等先进适用技术，加快改造提升优势传统产业，全面提升实体经济发展质量和效益。以"互联网＋"为代表的新产业蓬勃发展。佛山率先实施"互联网＋"行动计划，引导企业积极拥抱互联网，努力抢占"互联网＋"产业制高点，增创发展新优势。

　　良好的政商关系是佛山民营企业发展壮大的重要因素。可以说，多年来，佛山一直是中国营商环境最好的几个城市之一。近几年通过深化改革提高经济效率，让企业办事只跑一次，佛山的政策比国内其他城市实施得更早。因此发展到现在，区、镇依然是佛山民营经济发展的主战场。2024 年中国中小城市高质量发展指数研究报告发布：全国综合实力百强区中顺德、南海再度蝉联冠亚军，佛山五区全部上榜。五区经济发展各具特色，以实体经济为主要考核指标的综合发展水平较高。活力在基层、发展在基层仍然是佛山发展主基调。

二、坚守实业：
制造业撑起了佛山经济发展的脊梁

改革开放之初，佛山抓住了全球产业转移的先机，通过改革放权，逐渐培育起家电、家具、陶瓷、铝材、食品、饮料等一批产业集群，成为中国当代制造业集聚发展的重要策源地之一。

如今，佛山已发展成为一个以制造业为主导，坐拥机械装备、陶瓷建材、家用电器等优势产业集群的工业大市，31 个制造业大类佛山应有尽有。2023 年，佛山全市地区生产总值达 13276 亿元、增长 5%，成为全省第二个规模以上工业总产值突破 3 万亿元的城市，规模以上工业增加值达 6301 亿元、增长 6.6%，在全国工业十强城市排名中，佛山位居第 4 位，仅次于深圳、苏州和上海。

（一）门类齐全：三五成群，十有八九

作为工业大市，制造业挺起了佛山经济发展的脊梁，拥有坚实的产业基础。目前，佛山产业门类齐全，并形成了"三五成群，十有八九"的产业格局。在全国"万亿 GDP 俱乐部"中，佛山是少有的制造业占比超过 50% 的城市。

"三五成群"，佛山有 8 个超千亿的产业集群，其中 3 个是新兴产业，分别是通用设备制造、专业设备制造、汽车及汽车配件制造；5 个是传统产业，分

别是电气机械和器材制造（超过 6000 亿元，是具有"潮涌现象"特征的产业集群）、金属制品、非金属矿物质制品、橡胶和塑料制品、化工制品。

"十有八九"，31 个制造业大类佛山应有尽有，其中八成的产品与人民群众生活息息相关，关系千家万户；九成的产业可以实现自我配套，产业体系比较完善，不会轻易被"卡脖子"。

城市面积不大的佛山有很多世界之最：陶瓷产量世界第一、电风扇产量世界第一、微波炉产量世界第一、冰箱产量世界第一、空调产量世界第一、铝型材产量世界第一、消毒碗柜产量世界第一、热水器产量世界第一……全世界 25% 的电饭煲、33% 的抽油烟机、43% 的热水器、48% 的微波炉都产自佛山。在佛山，平均每秒就有 2 个电饭煲下线，每分钟能生产 100 台微波炉，每小时能生产洗衣机 273 台，每天生产冰箱超过 2 万台，每年生产空调器 2300 万台……佛山家电每天发往 210 个国家和地区，"家电之都"的称号，佛山名副其实。

家居建材制造产业涵盖家用电器、家具、五金制品、照明电器等行业，是重要的民生产业，更是满足人民美好生活需要的重要载体。在中国的版图上，佛山的地盘很小，但佛山制造的名气很大，很多产业做到了全国第一、世界第一。

佛山制造的威名，既是数量的奇迹也是质量的胜利。

佛山制造的成就得益于中国国内的巨大潜力，但市场之所以选择佛山，是因为佛山制造门类多、产量大，而且佛山制造的历史一直有一条清晰的主线，那就是对门类齐全和品质的追求。

（二）配套完善：产业协作，集聚能力强

改革开放以来，佛山以镇域为单位自发集聚了一批产业相同、相近的企业，形成了"一镇一品"的专业镇经济形态，涌现出一大批全国知名的产业集

群、专业镇。据统计，2016年，佛山经省批准的专业镇达41个，数量位居全省地级市之首，分布于全市32个镇街。作为全省拥有省级专业镇数量最多的地级市，佛山专业镇对经济总量的贡献率保持在80%以上，这一比例在全省也是排名第一。

在佛山陶瓷、顺德家电、西樵纺织、张槎针织、大沥铝型材、乐从家具等响当当的区域品牌背后，都有一个个规模庞大、产业链条完善的产业集群作为支撑，主要行业在本地的产业配套率超过90%。

近年来，佛山重视区域和产业规划、发展新兴产业、创新科技合作模式和机制、优化和完善产业链，以及强化专业人才培育和引进等措施，积极探索专业镇转型升级和协同创新的新路径。目前，各专业镇不断加强公共服务协同创新平台建设，引导产业向装备制造、创意设计、品牌营销等高附加值产业环节延伸，如家电、陶瓷、铝型材等多个产业具有相当大的规模和市场份额，且积累了不俗的创新发展实力，为打造万亿产业集群打下了坚实基础。

佛山顺德家具产业已形成了以家具制造和销售为龙头，集原材料供应、产品设计研发、产品销售、仓储物流、家具商贸、会展等完整的配套产业链。拥有11个原辅材料交易市场，十里家居设计展贸长廊，5大电商产业园，超10万平方米物流园区。生产和销售尤以龙江镇和乐从镇最为集中，北滘、容桂、杏坛也有小部分家具企业，成为我国重要的家具生产和销售基地，"顺德家具"在全国乃至世界均具有较高的知名度和美誉度。

在传统优势工业行业内部起家的装备制造业和生产性服务业，与本地加工制造行业的关联效应、协同效应逐步增强。家电、家具、陶瓷、铝材等行业跨界合作日益深化。生产加工行业、装备制造业、生产性服务业已形成合作共生的一体发展格局。

但专业镇发展到一定阶段，普遍面临着产业规模散小、创新驱动力不足、品牌影响力衰退、环保安全隐患凸显等瓶颈。佛山意识到，没有落后的产业，只有落后的技术，通过技改，一批专业镇走上了整体提升之路。

南海丹灶被誉为"中国日用五金之都"，拥有各类五金制品企业约 6700 家，规模以上工业年产值超 300 亿元。近年，丹灶以五金产业集群入选特色产业集群数字化转型试点为契机，加快推动镇内一批优秀五金企业率先打造数字化、智能化标杆示范项目、示范车间，成功推动了原点智能、新劲刚、新鹏等本土企业开展"院士团队 + 本土企业"合作模式，以龙头企业技术升级带动传统五金行业的整体提升。

提升专业镇产业竞争力，佛山还注重公共平台的搭建。顺德均安是"中国牛仔服装名镇"，辖区内拥有牛仔相关配套企业上千家，形成完整的产业链。为推动牛仔服装产业转型升级，由顺德区和均安镇合作共建的均安牛仔设计城，致力于打造成为集设计创新、技术研发、人才培养、品牌营销于一体的行业"最强大脑"，搭建了首个牛仔面料图书馆、数字化中央板房、洗水实验室等配套服务平台，为推动均安牛仔服装与家电、家具、艺术、文化等产业跨界融合全面赋能。

对于拥有众多专业镇的佛山来说，镇域强则产业强。佛山把激发镇域活力与提升产业竞争力紧密结合，通过做大做强镇域经济带动产业整体提升。为此，佛山提出在现有的狮山、北滘两个千亿镇基础上，"一镇一策"支持桂城、祖庙、大良、荷城率先争创"千亿镇街"，引领其他镇街竞标争先、提质进位，将"千亿镇街"打造成为引领佛山高质量发展的高地。

从千亿、万亿产业集群到千亿镇，背后藏着佛山这座工业大市永葆产业活力、与时俱进的发展密码。

（三）品牌发达：标准引领，畅销海内外

美国电影《复仇者联盟 2》里出现的哈雷概念电动车，其轮毂来自佛山中南

铝车轮公司；可口可乐、雀巢等全球 600 多家知名饮料企业，用上了佛山星联精密机械制造的饮料瓶；俄罗斯 OZ 购物中心、日本东京野村证券大楼、新加坡部分地铁站，它们的外墙板材均来自佛山利铭蜂窝的生产车间……

在产业集群的带动下，佛山品牌经济迅猛发展。由中国城市报社主办的 2024 城市品牌论坛在北京举行，会上发布了 2024 全国地级市城市品牌指数百强名单，其中佛山市位列全国地级市第 2 位，仅次于苏州。

位于南海的"全国铝合金型材产业知名品牌创建示范区"，拥有"世界上有铝型材的地方，就有南海铝材"的称号，年产值达 600 亿元，聚集了近 140 家上规模铝型材企业，造就了"坚美""伟业"等一大批闻名退迩的民族品牌，主导着全国建筑用铝材市场，成为全国乃至全球铝型材企业最集中的区域。位于禅城的"全国丝光棉针织服装产业知名品牌创建示范区"，针织面料年产量达 300 万吨，产业链规模以上企业年产值超 300 亿元，已逐步成长为国内高档丝光棉 T 恤生产基地，处于行业领导地位。陶瓷、内衣、半导体照明、家电配套制造、现代电源等一大批产业的全国知名品牌创建示范区均落户佛山，"佛山陶瓷""南海铝型材""盐步内衣""顺德家电"等区域品牌广为人知、深受信赖，"佛山制造"已走进千家万户。

在佛山各项产业中，泛家居产业的成绩尤为突出。"有家就有佛山造"不仅是一句响亮的口号，更是佛山市的城市 IP。过硬的产品质量让佛山企业打造出一个又一个畅销海内外的优质产品，铸就了一个又一个产品品牌。当前，佛山正积极打造名产名企名厂名品，构建"十百千万"品牌矩阵。数据显示，截至 2023 年底，佛山拥有中国质量奖企业 1 家、广东省政府质量奖（含提名奖）企业 22 家，数量均位居全省第一；中国质量奖提名奖企业 4 家，数量位居全省第二；拥有全国知名品牌创建示范区 13 个、中国驰名商标 163 件，数量均位居全国地级市第一；拥有广东省名牌产品 580 个、广东优质品牌认证产品 18 个，数量均位居全省第一。

只有高标准，才有高质量。佛山在全省地级市率先启动"佛山标准"工作，以"先进标准 + 产品评价 + 消费维权保障"的独有模式，坚持"国内领先、国际先进"水平定位，引导产业实施先进标准，高标准打造"中国制造"品质标杆。根据国家标准化技术机构的标准水平评价结果，"佛山标准"100% 优于相关国家、行业标准，88% 优于国际标准。据统计，佛山市已制定发布 78 项"佛山标准"，有超过 350 家企业公开声明执行"佛山标准"先进指标要求，192 家企业 328 个产品正式通过"佛山标准"评价。

（四）制造匠心：撑起隐形冠军集群

佛山高端制造业隐形冠军群体的异军突起，佛山创新工匠们的扎堆出现，让我们感受到佛山制造迈向中高端的春天正在到来。佛山工业强，强在两大产业集群，分别是泛家居、装备制造，两大万亿集群"产业功夫"深厚。

佛山泛家居产业撑起佛山产业版图接近半壁江山，催生出一批细分行业的制造业隐形冠军、单打冠军，更凭借庞大的产业链，在全国乃至全球占据举足轻重的地位。

这里汇聚了一批龙头企业，还有一些大众不太熟悉的"隐形冠军"：宜奥科技，亚洲最大床垫生产制造商；阳晨厨具，中国最大铁质不粘锅生产商；朝野科技，中国民企中小电视出口量第一……

万亿泛家居产业，代表着佛山制造业的热度。

佛山万亿泛家居产业的飞速腾飞与沃土的培育密不可分，政府和企业的共振让佛山前进的脚步铿锵有力。根据国家最新统计，工业十强城市中，佛山位居第五，在地级市中排名第二，仅列苏州之后。佛山一直以实业与制造业为本，其中尤以万亿泛家居产业为代表。

具体而言，佛山已是全球闻名的泛家居制造基地，在家电、家具、建材等行业拥有一大批全国乃至全球知名品牌，多达十几类产品品类的产量位居全国第一和世界第一。众多家居细分产业稳居国内第一梯队，家居产业集群规模突破万亿元大关，如此集群和抱团才应运而生"有家就有佛山造"。城市培育产业，产业成就城市，在制造业当家重要历史机遇下，家居建材制造产业正引领着佛山阔步走向工业 4.0 时代的"全球智造中心"。

万亿装备制造产业，支撑着佛山实体经济的厚度。

2022 年 5 月 26 日，广东伊之密精密机械股份有限公司大而敏捷 LEAP 系列超大型压铸机 7000T 在佛山顺德首发，这是在超大型智能压铸机研发上的新成果。

事实上，而今能够制造"大国重器"的伊之密，在成立之初只是个生产注塑机的传统企业，其成长见证着佛山装备制造业高端化、智能化的历程。

不少"链主"企业，已站在行业高端赛道，例如：宏石激光在激光切割、切管设备细分行业均位列全国前茅；东方精工在瓦楞纸箱印刷设备行业内世界领先；恒力泰生产的陶瓷压砖机连续多年保持国内市场占有率第一位及世界产销量前列；星联科技研发生产的"拉伸流变塑化挤出设备"核心专利技术属"国际首创、国际领先"……

佛山隐形冠军逐步闯入全球市场，靠的是一批创新求变的新工匠，共同撑起"佛山质造"脊梁。

广东溢达集团研发中心，高级工程师何小东拿起一根如发丝般粗细的纱线向客人展示，"这是全球最细的纱线"。2013 年，何小东和他的研发团队攻克 8 个世界性技术难关，研制出 700 英支的纱线，比当时最细的纱线还要细 212%，创下全球最细纱线的纪录并保持至今。

美的集团的黄兵接受采访时说道，为了开发鼎釜 IH 智能电饭煲，他入职美的 12 年以来，每天都在研究如何做出柴火味道的米饭，试了 7000 多个电饭煲内胆，用了两吨米不断地做饭，练就只用鼻子一闻就能判断出米饭品质好坏的惊人技能。这只是源于一个简单的想法：如何让气泡能够 360 度不断翻滚，从而让锅中的米饭受热均匀。

"我们中国有千万个企业，这些企业通过持续创新走出国门、走向世界。支撑这一切的有国家的扶持、企业的进取，也有我们千千万万的工匠人用我们的工匠精神在默默地付出，数十年如一日地坚守。"

从每一个制造环节的精益求精，到新产品、新技术的钻研创造，佛山民营企业正在诠释着创新时代的"制造匠心"。

三、久久为功:
民营企业与制造业强市共融共生

一直以来,制造业是佛山立足发展之根本,始终在佛山占绝对主导的地位。坚持制造业立市不动摇,坚守实体经济不动摇,打造具有国际竞争力的制造业、壮大城市综合实力,是佛山经济发展中最重要的探索之一。作为全国唯一的制造业转型升级综合改革试点城市,在书写中国式现代化道路上,如何构建现代化产业体系,避免掉入"老工业化基地"陷阱,近年来,佛山在结构优化、空间重塑、品质革命及"智改数转"等方面全面发力,练就了转型升级的"佛山功夫",为全国制造业转型升级作出样板与示范。

(一)结构优化:塑造产业发展新形态

佛山市是制造业大市,同时也是传统制造业大市,作为全国唯一的制造业转型升级综合改革试点城市,如何避免掉入"老工业化基地"陷阱,加快构建现代化产业体系,佛山以"传统＋战新＋绿色＋未来"产业发展为导向,积极塑造产业发展新形态。

针对优势传统制造产业,佛山采取的思路是"扶持壮大一批,改造提升一批,转移淘汰一批",加快推动转型升级。

1. 做"减法"

从"十一五"时期开始，佛山就坚决关停并转高耗能、高污染企业，共关停并转企业 1300 多家，主要涵盖陶瓷、小熔铸、小火电、印染、水泥、有色金属、玻璃、皮革等行业。

以佛山陶瓷产业为例，2007 年起，佛山先后出台《关于加快推进我市陶瓷产业调整提升工作的通知》《佛山市陶瓷产业结构调整评价指导方案》《佛山市陶瓷产业扶优扶强若干政策措施》《佛山市陶瓷产业发展规划（2008—2015）》等文件，依法有序推进陶瓷产业转型升级，佛山陶瓷产业生产基地逐步转移，佛山陶企的总部、研发、销售、管理人员仍然留在佛山，形成总部经济带。佛山陶瓷区域品牌影响力不但没有削弱，反而进一步增强。在佛山众多区域品牌形成的过程中，离不开一批专业市场的支撑。目前佛山除有中国陶瓷总部基地、华夏陶瓷博览城两大陶瓷展示和会展中心外，还建设了青柯、置地、华艺、沙岗、河宕、瓷海国际等一批陶瓷专业批发市场。

中国陶机装备领跑者，科达创办于佛山陶瓷产业快速发展，以及陶瓷机械高度依赖进口的时代。因不发达的佛山陶机产业制约着陶瓷产业的发展，故科达通过研究国外同类技术产品，结合中国陶瓷生产的实际，研制出了售价仅为国外同类产品 1/10 的第一台国产磨边机。此后，科达相继研制出第一台陶瓷刮平定厚机、第一台瓷质砖抛光机、第一台陶瓷大吨位压机，实现陶机装备从单机到整线的国产化。迄今为止，科达仍是亚洲唯一一家具备建筑陶瓷机械整厂整线生产供应能力的企业。

佛山陶瓷产业历经三轮"陶业转移"，数十年的发展已形成了完整的产业链和产业集群，产品涵盖建筑陶瓷、卫生陶瓷、日用陶瓷等多个领域，已经成为全国乃至全球最大的建筑陶瓷产业集聚区及全国最大的陶瓷装备制造业基地，同时也是全国乃至全球最大的建筑陶瓷生产和出口基地，不仅在国内市场占据重要地位，还远销海外，赢得了良好的国际声誉。

2. 做"加法"

通过技术改造、企业并购、产品创新等方式提升重塑产业竞争力，比如在竞争白热化的家电领域，即便佛山已有美的、格兰仕、海信等"参天大树"，但近年来依然新秀群起：成立于2006年的小熊电器，以一款酸奶机打开了小家电蓝海，接连开发出蒸蛋机、电热水壶等爆款，2019年成为国内"小家电品牌第一股"；德尔玛则更年轻，起步于2011年，凭借扫地机等爆款异军突起，2023年成功登陆A股市场。它们在互联网时代讲述了新的佛山故事，绽放着佛山制造的活力青春。

创兴精密的生产车间里，工人们进行零部件加工前，都会点开一旁电子屏幕上的3D图纸放大、翻转，根据图纸所分解的步骤对金属材料进行加工。创兴精密从事非标高端装备类钣金加工业务，每年需要制作超过9万种产品，涉及的零配件超过10万种，曾经每月需要用掉3吨以上图纸，通过技改全部实现无纸化，效率大幅提升。

"以前1个复杂的订单可能需要五六个人去跟，现在1个人就可以跟100张单。"创兴精密总经理高楚慧说，改造后企业的土地使用率提升50%，产值提升了100%，订单准交率也从63%提高到87%。

也有企业通过技改，开辟出全新赛道。铝型材龙头企业坚美集团很早就嗅到了新能源发展的新动向，通过打造全新的高效精密智能化铝材深加工车间，研发生产出电池包下箱体液冷板，解决了大部分动力电池的热管理问题，被广泛配装到理想、广汽埃安、比亚迪、小鹏汽车等新能源汽车上。

技改在重塑产业生态的同时，也在悄悄改变着工业大市的城市气质。为了支撑产业升级，近年佛山加快引育集聚了一批高层次急需紧缺人才，累计引进全职院士3人，省创新创业团队11个，市科技创新团队229个，各类领军人才超 300 名，并把每年 9 月 27 日确立为"佛山市人才日"，以一座城市的名义礼敬人才。

而在生产环节，佛山通过实施技工教育"强基培优"计划，选树一批首席技师、特级技师，积极建立一支新型产业工人队伍，以人员素质的整体提升，为产业和城市注入持久发展活力。

（二）生产变革："智改数转"引领产业转型新方向

近年来，佛山一直致力于推动制造业的转型升级，而随着大数据、5G、人工智能、区块链等技术的发展，智能化改造数字化转型（以下简称"智改数转"）已成为推动佛山制造业转型的主攻方向。

聚焦制造业智改数转，佛山强化政策支持，深入落实《佛山市推进制造业数字化智能化转型发展若干措施》《佛山市加快制造业产业集群数字化智能化转型工作方案（2022—2025 年）》，配套财政资金 100 亿元，对制造业转型进行全周期奖补。其中数字化示范工厂最高可获奖励 2000 万元，固投最高奖励达到 1 亿元。此外，佛山还设立了总规模 300 亿元、首期 100 亿元的制造业转型发展基金。

截至 2023 年底，全市已创建了 2 家国家"数字领航"企业、2 家"灯塔工厂"，打造 73 家数字化智能化示范工厂、146 个示范车间，全市超 54% 规模以上工业企业实施数字化转型。

1. "数字"领航

凭借"基于定制家居工业互联网平台赋能产业链协同创新应用示范项目"入选国家"数字领航"企业的维尚家具，就是佛山制造业的一个典范。

维尚家具从 2007 年开始即推进数字化，实现了高效的精益生产，并有效解决了个性化和大规模生产的矛盾，生产效率已提升至传统模式的 8 到 10 倍。材料的利用率达到 93%，比行业平均水平高出 8 个点。年资金周转率提升到 10 次以上，是传统同行的好几倍。

在市场面前，任何一家企业的力量都是微弱的，全产业链协同发展才能带来竞争优势。近年来，维尚一边持续加强自身的数字化转型探索，一边以业务合作为突破口，推广"维尚经验"，旨在聚焦痛点、精准"给药"，有效提高了上下游合作伙伴和产业集群的转型升级效益。

作为佛山泛家居产业龙头之一，维尚所采购的配套品，有一大半是产自佛山。为了带动更多供应商数字化转型，维尚主动开放自己的信息系统接口，协助供应商进行数据对接。此外，携旗下子公司圆方数科，致力为泛家居行业提供专业设计、智能制造、数字化管理、云计算等全价值链综合方案，打造"定制家居产业链协同集群"，通过产业集群数字化转型的实施，带动整个产业链实现互融共赢。

赋能合作伙伴加"数"转型的同时，在"全屋定制"的风潮下，维尚思路很明确：通过数字赋能进一步提高供应链整合、产品 SKU 的数量及质量和全案设计能力，与产业集群里的合作伙伴集成聚合、价值重构，以取得产业共赢。

2. "灯塔"引领

走进位于顺德区北滘镇的美的洗碗机工厂，上千平方米的厂房内，自动导引运输车装载物料灵活穿梭、机械手臂在车间有序地忙碌着。

依靠智能生产，2023 年这个工厂每 26 秒就能下线一台洗碗机。到 2024 年，生产效率更是提升到每 18 秒至 22 秒下线一台洗碗机。

近年来，美的集团加快智能化、数字化、绿色化转型升级。美的集团从 2012 年开始数字化转型，10 多年来累计投入上百亿元，实现从制造型企业向数字驱动的科技集团转型。

洗碗机工厂完成从传统工厂到智能低碳工厂的转型，就是其中的一个缩影。过去在工厂车间，主要依靠人工排产、调度、搬运。如今通过数字化、智能化系统，聪明的"数字大脑"帮助完成自动排单、码垛入库与出库。工厂依靠大数据与智能算法，赋能品质管控，还减少了对员工经验的依赖。

一组数据，也说明了工厂数字化、智能化的转型成果。据美的工作人员熊涛介绍，2015 年工厂的洗碗机年产能是 350 万台，到 2021 年洗碗机的年产能已经突破 700 万台。场地面积不变，人员减半，但实现产能翻倍。

美的洗碗机工厂在数字化、智能化转型的同时，还在加快绿色低碳转型。如今洗碗机工厂已在园区内部建立了能源管控平台，实现工厂能耗在线化管理，目前园区的绿电使用占比达到 20%。

从制造变"智造"，背后是佛山加速"数改智转"，推动制造业转型升级的探索和实践。

3. "项目" 示范

投入 20 亿元建成的伊之密数字化工厂把数字技术贯穿在订单、产品设计、配置、生产、物流、总装等整个机器生产环节，采取汽车行业的全流水线生产作业模式，实现 24 小时连续生产，每 15 分钟下线一台注塑机，生产周期缩短33.3%。

华兴玻璃一期数字化项目自动数采率提升了 95%，数据透明度提升了 98%，生产效率提升了 30%，生产灵活性提升了 25%，不良率下降了 20%，综合产量提升了 10%，企业运营成本下降了 8%。

东方精工通过数字化工厂建设，构建了数据中台联通业务系统，打造企业智慧数仓，创建全方位数字化和智慧化决策大脑，实现平均生产周期提升 14%以上，人均产值提升超过 7%，能源消耗下降 27% 以上。

东普雷通过导入焊接机器人、全自动激光焊、全自动热冲压成型线等先进装备推动企业数智化转型，实现了产品全流程数字化追溯，产品交付准时率100%，产品合格率达到99.94%，生产成本降低6%，人均年产值提升1.6倍。

4. "抱团"取暖

美云智数携手佛山市智能制造与绿色发展促进会联合申报的"美擎汽车零部件数字化转型服务平台"，入选2023年"佛山市产业链协同数字化转型、中小企业抱团数字化转型项目"，引导中小企业形成合力，以平台为枢纽，发展智能化生产、数字化管理、网络化协同等创新模式，促进"小、散、微"企业抱团取暖。

作为全国12大纺织品出口基地之一，佛山产业基础良好，但其中绝大多数规模为中小企业。针对行业痛点，技研智联携手美云智数按照"1+N+X"的框架进行集群建设，经过1年的推广带动，产业链上下游十余家企业完成数字化转型，2022年获评首批"佛山市中小企业抱团数字化转型项目"。2024年，美云智数再次携手技研智联入选纺织服装行业领域的数字化牵引单位。

（三）筑巢引凤：招商聚能蓄势促发展

佛山是全国地级市当中除苏州外，第二个实现"工业3万亿"目标的城市。坚守实体经济，久久为功，堪称众多地级市招商引资的榜样。2023年，佛山签约投资总额首次突破4000亿元，成果斐然。

佛山招商引资有何"秘诀"？

2021年，佛山开始着手对招商引资机制体制进行改革，从成立由市委书记、市长任双组长的市招商工作领导小组，到首次组建政府工作部门市投资促进局和五区招商局，再到组建九个由市领导担任组长的重点产业招商专班，以及成立重点地区招商工作组。一系列的改革推动佛山招商成绩不断向前。

1. "双组长"领导制度，确保"权责"到位，专业对接招商引资

2023 年是佛山市、区招商部门成立之后的开局之年，佛山市、区招商局按照"市场化管理、企业化运作"原则，以党政主要领导担任"双组长"的招商工作领导小组，市委、市政府主要负责人带头抓招商，冲在一线突围。

有稳定而专业化的人员进行系统的招商和服务，更好地抓项目落地，更专业地为企业提供服务。

从 2021 年至 2023 年 11 月，佛山招商引资 1 亿元人民币或 1000 万美元以上项目 1322 个，签约投资额 10303.85 亿元人民币。

2. 全市招商一盘棋，冲锋陷阵拉项目

关上门，不是做招商。招商人要时刻"在路上"，躬身入局上一线。

针对招商引资新形势、新任务，2023 年 8 月，佛山组建驻北京、苏州、深圳、成都、武汉五个招商工作组，面向重点地区派出"前线战队"，精准对接重点城市及周边的资源外溢。结合佛山当地企业人脉、与专业招商机构合作，利用专业平台加强与外地企业联系。

连同北京、深圳、苏州、成都、武汉五个重点地区招商工作组，佛山市投促局及五区招商局，形成前端敲门、中端研判洽谈、后端落地的招商引资全周期联动机制，跑出招商引资"加速度"。

作为佛山的中心城区，禅城力主求"变"，重返制造业主战场，是求"变"的重要战略布局。2023 年，禅城区签约的超亿元项目中制造业项目签约额占比由 2022 年的 27.13% 提升到 45.58%，重大项目中制造业项目投资额占比从 2022 年的 19.29% 提高到 52.26%，超过了第三产业占比。在签约项目中近 1/3 属于附加值高、竞争力强、带动性好的都市总部类项目，如科伺智能、大参林医药智造总部等项目。在引进的 72 个项目中，66 个已开工，35 个已投产，开工率和

投产率均全市第一。

作为高企集聚强区，南海力主求"新"，是囊获战新产业项目大户。2023年，南海区战新产业项目签约756.32亿元，占全区签约额近七成，涵盖了新能源、新材料、新一代电子信息、高端装备、绿色低碳等产业，包括星源材质、一汽大众、电将军3个百亿级项目，推动佛山产业加速向"新"发展。南海区签约重大项目24个，签约重大项目投资额854.74亿元，位于全市第一。

作为制造业强区，顺德力主求"质"，强链补链项目集中，力促产业链迈向中高端。顺德区在本地企业增资扩产基数高的情况下，2023年市外引进项目签约额占比超过市内增资扩产，由2021年的40.75%、2022年的49.25%，拉升到55.51%，包括市外引进康佳、德国赛威两个百亿项目。引进的赛威、信展通、奥比中光、科陆储能等优质项目分别填补了顺德区在减速电机、智能芯片、视觉传感、储能系统集成及测试等领域的空白。顺德区多项招商数据领跑五区，2023年顺德区签约亿元项目206个，签约投资额1150.12亿元，签约项目固投580.79亿元，累计完成新增项目（2020年以来新增项目）固定资产投资436.99亿元人民币，为全市稳增长提供了实实在在的支撑。

突破千亿大关的高明区，2023年招商主要突出了一个"追"字。2021年签约347.36亿元、2022年签约420.40亿元、2023年签约504.84亿元，一年突破100亿元。特别是2023年市外引进项目签约额占比超过市内增资扩产，由2022年的44.86%，拉升到82.30%，占比全市第一，引进了豪斯特、锐氪、东方广厦、朗兴等一批行业领军项目，展现了"迎头追赶"的精气神。

站在佛山"北向战略"的重大机遇窗口，三水区2023年招商主要突出了一个"进"字。在佛山"北向战略"的不断推进下，三水区招商引资阔步前进，从逐年签约数据看，2021年签约404.97亿元、2022年签约554.10亿元、2023年签约806.85亿元，一年一个大提升，年平均增幅41.22%，领跑全市，引进了广东宁德邦普、天心天思、传化化学等重大项目。签约重大项目21个，签约重

大项目投资额 646 亿元，位居全市第二，超年度目标 46 亿元。

3. 以招商引资浇灌制造业常青，战新产业成为重点

不能"捡到篮子都是菜"。在招商引资过程中，佛山把数控机床、仪器仪表、高端装备、新型储能、新材料、工业机器人、医药健康、现代物流、预制菜等九大产业作为招商引资、产业培育的重点，组建 9 个由市领导担任组长的重点产业招商专班，极大地提升了佛山战略性新兴产业招商水平。

翻开 2023 年佛山招商引资的项目清单，广东宁德邦普、星源材质、一汽大众、电将军、康佳、德国赛威 6 个百亿项目，瑞浦兰钧、科陆储能等一批优质项目，均属于战新产业。

作为国内锂电池隔膜领域"链主"企业，深圳市星源材质科技股份有限公司在佛山建设华南新能源材料产业基地，固定资产投资约 100 亿元，成为项目所在地南海区近十年来最大的工业投资项目，将对佛山新能源产业集群壮大起到重要龙头带动作用，助力佛山加速迈向全球价值链中高端的现代化产业体系。

德国 SEW 华南制造基地项目，是拥有着"世界传动领域先驱"之称的赛威传动（中国）投资有限公司全资子公司——赛威工业减速机（佛山）有限公司投资 100 亿元在顺德区打造的。这一"链主"项目建成后，将深度赋能佛山机器人及自动化设备制造企业，吸引和带动产业链上下游企业集聚，壮大顺德高端装备制造、智能机器人产业集群。

宁德时代新能源科技股份有限公司控股子公司广东邦普循环科技有限公司，在三水区佛北战新产业园大塘新材料产业园投资超 200 亿元建设一体化新材料产业项目，将有利于推动新能源电池循环利用产业在佛北战新产业园集聚发展，有效补足省内新能源汽车产业链一头一尾关键的环节缺口。

这些重大项目的落地，在佛山的工业版图上不断激起层层水花，吸引产业链上下游的"鱼儿"纷纷游向佛山这片制造业的"汪洋"。

4. 以一流营商环境，打造招商服务闭环

所有地方政府都在优化营商环境，而佛山不能说最出色，但也是最具服务精神的代表之一。

当地企业家戏称"佛山为企业的服务堪称店小二中的店小二"。

这足以体现，佛山招商人将服务落到了企业心坎上，审批效率极速化，不让企业有后顾之忧。

前期解决用地，中期解决项目审批效率，这些只是政府招商引资工作的"前端"。

把企业引进来落户只是第一步，最重要的是"后端"服务，"留下来"并长久发展下去，成为地区招商"招牌"！招商引资最终的目标，是在区域内形成产业集聚、集约、集群发展，形成全产业链闭环。

服务型政府，如何打造招商闭环？

专业且稳定的机构，从前期引进来，到中后期找对办事"机构"；专业且具有服务精神的人才，全流程跟进，"店小二"式服务对接；为企业省时省事的服务型政府办事流程，在关键节点上充分了解掌握企业诉求和审批事项进展，有针对性开展代办服务，项目审批时长不超过1个月，特殊情况不超过2个月。

这一切都是佛山打造的招商引资服务闭环，让"政策惠企、环境活企、服务助企"落到每一个一线环节中，有了好的口碑，自然不缺好项目。

在大大小小的招商推介会上，市委、市政府主要负责人带头去招商，从江苏盐城新能源汽车产业园到苏州金鸡湖畔，再到广州白云山下，都有佛山招商人员的身影，随之而来的，是众多项目奔赴落地佛山。

这些项目选择佛山，有的是看中了佛山的交通区位优势和健全的产业配套，有的是看中了佛山制造业大市门类齐全的雄厚实力，一旦来到了佛山，无不为佛山后续优质的服务所惊叹。

其中，星源材质华南新能源材料产业基地项目从签约到土地挂牌，只用了 27 天的时间，中间还有一个春节假期。"佛山基地的建设是我们全球基地里效率最高的，佛山为企业的服务堪称店小二中的店小二。"星源材质董事长陈秀峰在动工仪式上说。

在佛山，一个月之内完成所有审批事项的项目早已不是罕见，"我们有很多项目都实现了拿地即开工，或者是在开工后提高它的建设审批效率，使得它的建设周期大幅缩短，为企业迅速建设、形成产能、抢占市场提供了很好的机会。"佛山市投资促进局局长说。

这也成为佛山招商口口相传的一个又一个招商故事，令人印象深刻，"无事不扰，有事必到"早已成为佛山招商人贯彻于心的服务准则。

第三章

乘势而上培育"双创"热土

　　发展战新产业，是佛山经济社会发展"百尺竿头更进一步"的必然选择。2022 年 6 月，佛山诞生多项全球首创技术：主导研发全球首台氨氢融合直喷零碳内燃机，诞生全球首块零碳氨燃料烧制成功的绿色瓷砖，推出全球首款稀土氧化物 TFT 驱动 AM-LED 拼接显示屏。2023 年 6 月，佛山入选 2023—2025 年度"创新驱动示范市"，成为广东唯一入围的城市。不久后，由诺贝尔奖得主巴里马歇尔团队参建的生物医学与创新药物联合实验室落户佛山。探索未知、追求原始创新的种子，在佛山这片土地上悄然生长、成熟。

　　事实上，随着全球发展不确定性的增加，中国对攻克"卡脖子"环节的重大创新的重视，达到了空前高度。回望佛山制造业的发展历程，满足新场景需求的应用型创新与改进式创新曾占据主流，"无中生有"的颠覆式创新仍十分稀缺。风起于青萍之末，如今，改变在无声推进。作为国家创新型城市、"科创中国"试点城市，佛山正探索出一条科技创新引领制造业高质量发展的新路子。

一、无中生有：
市场化牵引科技创新发展

佛山的战新产业发展已经"锋芒初露"。佛山科技创新按照市场经济规律进行，走出了一条"以产业创新牵引科技创新，以科技创新推动产业创新"的自主创新发展之路。

（一）战略定位：布局战新产业，重塑佛山制造形象

目前，佛山正处于新旧动能转换的关键时期，拿下战新产业发展的"高地"，对佛山具有重要战略意义。为此，《关于高质量推进制造业当家的行动方案》（以下简称《方案》）明确提出，重点培育发展新能源汽车、高端装备制造、高端软件、医药健康、机器人、新型显示、新能源、新材料、新型储能、节能环保、生物制造等11个新兴产业，构建以产业链为纽带、以聚集性发展为特征的新兴产业生态。从产业基础上看，佛山制造业已形成"三五成群，十有八九"的产业格局，产业集群化特征明显，这为战新产业的发展提供了肥沃的土壤。

围绕"有家就有佛山造"的产业体系，位于佛山顺德北滘的美的集团在制造业创新转型浪潮中展现了厚积薄发的力量，已坐拥5家"灯塔工厂"、14家

国家级绿色工厂、1家海外国家级绿色工厂、3家零碳工厂、3家国家级绿色供应链等，这些成就都是其领先科技的有力证明。

美的集团董事长、总裁方洪波表示，科技创新是制胜未来的关键。近年来，美的坚持"科技领先"核心战略，构建了全球研发网络，以自主创新的核心技术填补行业空白，推动智能家电、工业自动化、新能源等产业的高质量发展。

在林至高分子材料科技有限公司展厅内，董事长王博伟将一个超7千克重的铅球从腰部位置坠落，落在厚度仅约2.3毫米的ACF人工软骨仿生吸能材料上，铅球丝毫不见回弹，而在材料下方的一块薄薄的普通玻璃，也完好无损。这是该公司研发的ACF人工软骨技术。"ACF人工软骨仿生材料通过模仿人体关节软骨的分子结构，可以吸收大量冲击力，从而保护骨关节。"王博伟介绍，如今这项技术已被应用到多个领域，通过该项技术，多个产业得以提升技术含量，实现产品升级。

从美的集团和林至高分子的发展不难看出，创新贯穿公司发展的始终，也让企业有了核心竞争力，从而在激烈的市场竞争中脱颖而出。俗话说，"一招鲜，吃遍天"。企业有了"一招鲜"才能有后来的"招招先"，不断领跑市场。

（二）超前布局：十大园区打造战新产业"骨架"

为克服战略性新兴产业集群培育发展缓慢、缺乏统筹谋划实施的"短板"，解决产业结构转型升级过程中面临的产业低端、布局分散、同质化竞争等问题，佛山发起了一场声势浩大的"空间革命"，2021年佛山市第十三次党代会上，佛山市委正式提出重构优化产业空间发展格局，着力建构"中部强核、东西两带、南北两圈"高效联动产业格局。

向中，重点发展带动型经济，打造创新中心强核。以佛山国家高新区、三龙湾科技城、佛中人才创新灯塔产业园、千灯湖金融高新区、环文华公园创新活力区等为支撑，强化科技创新、金融创新、人才创新，大力发展创意产业、创意设计、创意文化多种业态，培养创意社群，建设创客空间，形成科创性行业、服务性行业、文创性行业三大集群，扩大创新创造、科教文卫的辐射半径。

向东，重点发展商流型经济，打造现代物流产业带。以大沥、狮山、广佛交界处、货物运输线等区域为轴点，面向粤港澳大湾区，大刀阔斧推动老旧专业市场、仓储设施改造提升，积极规划一批"高标仓＋智能化"现代物流产业园，加快高端商场、专业市场、仓储物流集群发展；以桂城、伦教为基地，打造"北有玉器街，南有黄金岸"的珠宝首饰名片。

向西，重点发展复合型经济，打造机场空铁经济带。以建设珠三角枢纽（广州新）机场为契机，统筹发展文旅、物流、现代服务、先进制造、绿色环保、现代农业等，促进一、二、三产业协调发展，加快建设西部经济新中心。

向南，重点发展智能型经济，打造高端制造产业集聚圈。以顺德粤港澳协同发展合作区、国防科技工业军民融合创新示范基地等为载体，发展智能家电、智能装备、智能穿戴、生物智能、航天航空、新材料等产业，让"有家就有佛山造"焕发出新的强大活力。

向北，重点发展先导型经济，打造战新产业集聚圈。以建设佛北战新产业园为抓手，发展高端装备、新材料和新能源、电子信息、生物医药、健康食品、节能环保等产业，支持鼓励新技术新产品试验，积极推动五大产业经济板块深度契合、互补联动，促进核心产业、支持产业、配套产业、衍生产业系统协同发展。

从内部来看，"中部强核、东西两带、南北两圈"的产业布局有效结合了各区的比较优势，是在现有产业基础上作出的延伸，调整后的"东西南北中"五大板块错位发展，定位更加明确，空间布局更合理，更有利于形成高效联动的产业格局。从外部来看，"中部强核、东西两带、南北两圈"的产业布局更是佛山融入粤港澳大湾区产业协同发展大局的有力抓手。

按照"中部强核、东西两带、南北两圈"总体产业布局，佛山需要选择有基础、有空间、有前景的重点区域，布局一批特色制造业园区，因园制宜、一园一策、一业一策，在土地规模、用地指标、能耗指标、财政政策等方面给予支持，加大招商引资力度，推动形成布局合理、定位清晰、特色突出、集聚有力的专业园区发展新格局。

2022 年 7 月，中共佛山市委十三届四次全会部署打造"十大创新引领型特色制造业园区"和"十大现代服务业产业集聚区"，以万亩千亿产业发展大平台为抓手，破解佛山市"工业不连片，产业不成带"问题，重构产业空间布局，推动佛山高质量发展。

1. 高水平打造"十大创新引领型特色制造业园区"

佛山南庄高端精密智造产业园：重点发展精密和超精密加工设备制造、精密电子电器制造、智能传感器件制造等产业，构建超百亿级的新兴产业链条，打造大湾区精密制造行业发展标杆。

佛山新能源汽车产业园：重点发展新能源汽车和汽车零部件生产制造，以及新能源动力电池、高端精细化工等新材料产业，打造新能源汽车产业新高地。

佛山人才创新灯塔产业园：着力建设一批研发总部、孵化平台、科研中心等高端载体，重点发展集成电路、人工智能、新材料等相关产业，打造"三链"融合发展的新标杆、战新产业培育的新典范。

佛山三山显示制造装备产业园：重点发展新型显示装备、先进遥感装备、增材制造、半导体技术与装备等相关产业，打造国内领先的显示制造装备研发和生产基地。

佛山九龙高端装备及新材料制造产业园：大力发展高端装备和新材料产业，推动耐火材料、薄膜材料等研发制造，打造产业链完整、辐射带动能力强的先进产业集群。

佛山伦教珠宝时尚产业园：巩固和夯实珠宝首饰、香云纱等时尚商品生产制造基础，拓展创意设计、技术研发、博览展贸、品牌推广、文化体验等高端产业环节，打造大湾区黄金珠宝产业生态城。

佛山北滘机器人谷智造产业园：加强智能家电、机器人研发设计制造，做大做强美的库卡、博智林机器人谷、大族机器人项目，延伸打造机器人产业链条，建设具有世界影响力的机器人产业高地。

佛山临空经济区智造产业园：以先进装备制造及其上下游配套产业为主，重点发展智能制造、精密零件制造、电子电器制造、"三新"制造等领域，打造智造产业的标杆园区。

佛山水都饮料食品产业园：瞄准食品饮料、大健康领域，推动食品饮料传统产业向价值链高端延伸，培育全国标杆食品饮料千亿级产业集群，不断做大做强"水经济"。

佛山云东海生物医药港产业园：大力发展高端医药、高端医械、高端医疗，建设国际知名、国内一流的万亩千亿新产业平台，打造成为大湾区生物医药新增长极。

2. 高质量建设"十大现代服务业产业集聚区"

结合区位优势和产业发展基础，大力推动现代服务业集聚发展，着重建设十大特色鲜明、业态高端、能级突出、功能集成的产业集聚区。

佛山数字经济创新产业集聚区：围绕数字产业化和产业数字化，聚焦发展云计算、大数据、5G商用、数字创新孵化等相关产业，打造成为大湾区数字产业化新平台、珠江西岸产业数字化示范园区。

佛山美陶湾文化创意产业集聚区：深挖"千年陶都"文化资源，大力发展文化创意、产品设计、数字文创产业，构建完整的陶文化创意产业生态链，推动陶瓷文化焕发异彩。

佛山现代保险产业集聚区：积极创建广东保险高质量发展试验区，全力构建"一带一区一园一基地一圈"的空间格局，打造具有区域辐射力、影响力的保险创新发展示范区。

佛山千灯湖金融高新技术产业集聚区：聚焦"国际金融后台基地"和"现代产业金融中心"功能定位，大力发展证券信托、金融租赁、公募基金、私募创投、融资租赁等金融产业，推动广东金融高新技术服务区建设提质增效。

佛山西樵岭南文旅产业集聚区：重点发展文化、旅游、创意产业，构建文旅全产业链"生态圈"，打造宜创、宜居、宜游的全域文旅发展引领区。

佛山东部现代物流产业集聚区：以大沥、狮山、广佛交界处、货物运输线等区域为点轴，积极构建东部商贸流通大通道，加快建设一批"高标仓＋智能化"现代物流产业园和电商产业园，打造现代物流产业标杆、珠三角直播电商标杆。

佛山西站枢纽新城科技商务集聚区：重点发展科技服务业、商务服务业、生产性服务业，加快国家先进制造业和现代服务业融合发展试点先导区建设，打造粤港澳大湾区"轨道上的科技商务区"。

佛山北滘工业设计产业集聚区：依托广东工业设计城，联动粤港澳大湾区和国内外优质的工业设计资源，着力打造区域设计对接服务中心，建设具有国际影响力的工业设计高地。

佛山潭洲国际会展服务业集聚区：依托中德工业服务区，建设提升潭洲国际会展中心，大力发展会展服务、文化创意、现代商务等，集中力量打造若干个有行业影响力的产地展、品牌展，努力打造全国工业会展第一品牌。

佛山顺德世界美食产业集聚区：发挥顺德作为粤菜发源地之一、中国厨师

千灯湖金融高新技术产业集聚区

之乡的独特优势，大力发展美食餐饮、文旅创意产业，创新"商业＋娱乐＋文化＋旅游＋生态"商业模式，打造"世界美食之都"城市超级IP。

（三）搭建平台：打造"一区一园一城"创新极核

在佛山，"中部强核、东西两带、南北两圈"产业格局正在形成。其中，为打造中部创新强核，佛山市高标准建设"一区一园一城"，强化区域创新协同联动，构建"人才引育＋技术研发＋成果转化＋产业应用"协同创新体系，着力构筑科技创新高地。"一区一园一城"的定位各有侧重。佛山国家高新区着重发展壮大高新技术企业群体，引进培育若干战略性新兴产业集群；佛山人才创新灯塔产业园重点集聚各类高层次人才和高水平创新创业团队；三龙湾科技城则集聚高端创新创意资源要素，加强创新策源能力建设。

1. 佛山国家高新区："高""新"引领，打造科创高地

俯瞰佛山高新区，"硬科技"企业星罗棋布，它们在这片大地上生长、蔓延至全国。

在福斯特，粗细不一的压力管道、连接头像乐高玩具一样拼接起来，不仅节省70%的时间和成本，还打破了进口依赖。在三目电子，国内首创的智能电子后视镜技术，解决了传统物理后视镜"视角受限""后车眩光""夜间视野不佳"等驾驶安全问题。在铁人环保，富硒叶面硅肥斩获国家级奖项，不仅能为农作物增加"保护网"，提高产量，还能为它们加"硒"……

佛山高新区是佛山重点打造的"一区一园一城"平台之一，肩负发展壮大高新技术企业群体，引进培育若干战略性新兴产业集群的重要使命。佛山高新区攀"高"逐"新"，挺起了高质量发展新支点。

截至2023年12月，佛山高新区聚集科技型中小企业近2000家；拥有国家

从空中俯瞰佛山国家高新区，广工大研究院等一大批高精尖机构落户于此

级研发机构的企业 21 家；外籍和留学归国人员占比 1.5%。以上指标分列全国高新区第 14 名、第 17 名和第 14 名。2023 年，佛山高新区纳统企业预计实现工业总产值 4726.57 亿元，营业收入 5859.41 亿元，高新技术企业总数预计超5400 家。换句话说，佛山高新区约占佛山总面积的 12%，却集聚全市 53% 的高企。

梧桐树茂，金凤自来。2023 年，佛山高新区"一区五园"引进落地项目投资亿元以上项目 56 个，投资总额 844.34 亿元，其中不乏来自北京、上海、杭州、苏州等地的战新产业项目，还吸引来自半导体、生物医药、新材料等未来产业领域的 21 个高层次人才团队落户。

企业的高质量发展，离不开软服务的加持。2023 年，佛山高新区全面铺开"五个一"服务工程，着力建设一个一站式企业服务平台、一批企业服务驿站、一个企业服务资源池、一支企业服务队伍和开展一系列企业服务活动。目前已成立首批 9 家企业服务驿站；遴选 78 家机构组建企业服务资源池；上线"一站式"服务平台；组建起一支百人的企业服务专员队伍；组织举办高新大讲堂、黑马大赛湾区赛、佛企进西安交大等一系列服务活动，全年累计联系服务企业超 1 万家次。

此外，佛山高新区还组织企业多次组团出海抢订单、占市场，频频传来好消息：72 家汽配企业参加第十七届法兰克福汽配展（深圳特展），收获意向订单近 8 亿元；18 家企业参加 2023 德国科隆牙科展，收获意向客户共计近 100 个。科技成果直通车活动更是装载佛山产业及企业需求，多次北上北京、东连上海、内接深圳，还首进香港，达成精准有效的产学研合作。

科技创新离不开资本，融资难一直是困扰科技型企业的难题。佛山高新区建立了多个金融合作渠道，如联合工商银行推出"佛山高新区数字贷""佛山高新区知识产权质押贷"等专属金融产品，惠及高新区企业 286 家，贷款余额193.46 亿元。一系列产品和服务助力企业加速成长。

接下来佛山高新区将紧扣省委"1310"具体部署，构建"一区一核五园"新格局，增强重大创新平台的科技研发水平，推动形成新能源汽车、高端装备制造、生物医药、高端软件、机器人等优势产业集群，促进产业向智能化、高端化、绿色化发展等，坚持发展硬科技和提升软服务并举，在做实做好"高"和"新"两篇文章上取得更突出的成效。

这样的未来，引人遐想，令人期待。

2. 佛山人才创新灯塔产业园:"智""创"先行,打造佛芯人才创新高地

俯瞰佛山大地,北起佛清从高速与虹岭二路交会点,西部边界为佛清从高速,东部边界为虹岭二路、虹岭路,南部边界为科技东路、广三高速,这片总面积约 30 平方千米的热土,就是佛山人才创新灯塔产业园(以下简称"灯塔产业园")。

在佛山,各类产业园、平台虽然很多,但是以"人才 + 创新"命名、建设的园区,灯塔产业园是迄今仅有的一个。在全市建设人才高地、创新高地的背景下,其"含金量"可想而知。

如何让科技创新人才留在佛山、爱上佛山、在佛山高质量发展的征程上发挥最大效应?这是一个系统性的工程,需要用多方面举措回答。其中有一道"必答题",就是为科创人才提供创新创业的优质平台,实现人才与佛山制造业的共赢。这正是灯塔产业园的光荣使命。

人才是这个园区最大的动力。根据佛山市第十三次党代会的要求,灯塔产业园要突出"智"和"创",吸引集聚各类高层次人才和高水平创新创业团队,推进技术成果产业化,打造创新创业平台。灯塔产业园要着力建设一批研发总部、孵化平台、科研中心等高端载体,重点发展集成电路、人工智能、新材料等相关产业,打造三链融合发展的标杆、战新产业集聚的支点。

事业因人才而兴,人才因事业而聚。很多高端人才在谈到"择一城创业"时,不约而同地提出,当地产业发展规划要能与个人创业梦结合起来。因此,灯塔产业园在规划建设之际,提出五个"一流"的建设任务,推动十大工程,为高端人才选择灯塔产业园提供了指引。

五个"一流",即创建一流的创新创业人才特区、打造一流的科技创新平台、培育一流的战新产业集群、构建一流的管理体制机制、形成一流的"人产

城文"融合体系，阐明了灯塔产业园的发展路径。

创建一流的创新创业人才特区，将通过制订灯塔"飞鸿计划"、落实灯塔"筑巢行动"实现。一方面，围绕百名顶尖人才、十万科创人才高地建设目标，从人才政策、人文环境等方面系统推进"飞鸿计划"；另一方面，通过"筑巢行动"为各类人才提供1万套人才公寓和公共服务中心，创建15分钟科创生活圈和人际友好型园区。

打造一流的科技创新平台，包括构筑灯塔"科创孪生"，坚持"应用研究"和"成果转化"两大创新基因体系的建设，建设国家级和省级新型研发机构、技术创新中心等；点亮灯塔"先导极核"，即搭建高端产业化服务平台和科技人才生活服务平台，加速推动企业研发总部落地建设，高起点带动园区高质量可持续发展。

培育一流的战新产业集群，重点在于打造灯塔"战新引擎"和开启灯塔"精准招商"。一方面，加速建设四个千亩战新产业特色科创园，培育更多的"小巨人""单打冠军""瞪羚企业""独角兽企业""龙头企业"；另一方面，构建"项目化、清单化、精准化"科技招商体系和信息反馈机制，优选全球产业资源。

形成一流的"人产城文"融合体系，包括完善灯塔"公交网络"和优化灯塔"人文场景"。未来，灯塔产业园将争取实现高铁、城轨、地铁、有轨电车"四网合一"，公交站点300米半径覆盖率80%的目标。同时，通过建设灯塔社区人才公园和科技创新广场、创客俱乐部、滨水休闲健康碧道等，丰富人文场景。

目前，灯塔产业园拥有5所高等教育院校、15家科技创新平台、5家国家级孵化器、5家国家级众创空间。依托丰富的创新资源，灯塔产业园在新产业培育方面前景广阔。以集成电路产业为例，灯塔产业园主要依托广东中科半导体微纳制造技术研究院、广工大数控装备协同规划研究院等科创资源，规划集成电路（半导体）科创园，将重点发展半导体材料、IC设计、IC制造、封装、装备、传感器等企业。而在人工智能、工业机器人产业，灯塔产业园主要依托广东人工智能产业园、佛山智能装备技术研究院、佛山华数机器人有限公司等资源，规划人工智能（工业机器人）科创园，重点发展工业机器人研发设计、系统集成、终端应用等领域，拓展服务机器人、特种机器人等方向。

2024年3月26日，灯塔产业园迎来首个建成园区——佛山万洋科技园的盛大开园，标志着灯塔产业园建设加速推进。据悉，佛山万洋科技园自2022年4月动工，从一纸蓝图到"实景画卷"，打造了一座现代化高端产业科技园。同时，佛山万洋科技园与民生银行等金融机构达成战略合作，提供超30亿元金融授信额度，解决园区企业"融资难、融资贵"痛点。另外，为了让园区人才安居乐业，灯塔产业园已建成140套人才公寓，正在建设810套创智湾花园人才公寓项目。园区内的科创中心、广弘启E创汇湾、紫荆人才科创园等多个项目也都在加快建设，拓展了战新产业、人才、项目落户发展空间。接下来还将建设灯塔产业园"益晒你"服务中心和国际人才港，为园区企业提供政务服务、人才服务、科技服务、金融服务等四大特色服务。

举全市之力，聚四方之才。相信随着佛山大手笔、大力度推动十大工程稳步实施并取得实效，灯塔产业园终将实现自身的发展目标。

3.三龙湾科技城："聚""领"合力，科创资源汇聚

在佛山，有这样一片区域，它是举全市之力打造的战略性科技产业创新平台，也是佛山区域位置最优、产业科技基础最强、规划定位最好、国际化程度最高的城市新区。它就是三龙湾科技城。

2019年6月，三龙湾管委会正式挂牌成立，它一诞生便被赋予重任，即佛山推进粤港澳大湾区建设的核心平台；做大做强广佛极点、推进两地深度融合发展的重要支撑区；粤港澳大湾区建设国际科技创新中心的重点创新平台。

三龙湾位于广佛同城发展核心区域，所辖区包括了潭洲水道、东平水道、

平洲水道，名称意为三条水道围合的地方，环境优美，滨江绿树成荫。另外，佛山是全国唯一的五区 GDP 过千亿的地级市，其中以禅城、南海、顺德三区经济最为发达，而三龙湾恰好所辖三区的部分区域，包含石湾、桂城、陈村、北滘、乐从等五个佛山实力强劲的镇街，总面积约 130 平方千米，其在建及规划中的轨道线路 12 条，将是佛山轨道交通最为密集的区域。

三龙湾三山新城片区高楼林立，复兴号列车穿城而过，粤港澳科技园、季华实验室等一大批高端科技项目落户于此

经过几年的发展，三龙湾科技城已是佛山技术密集型产值最高的地区，其临近广州南站，往来港澳极其便利，集聚着众多优质企业、重大项目、重点平台，产业优势突出，是佛山"引进世界科技成果"和"成果落地转化孵化"的重大平台。

三龙湾现有的各项创新数据指标，如博士以上高端人才总数、博士后工作

站和企业类研究院所数量、地区研发经费投入强度等，在佛山目前的各类产业平台中均处于领先地位。目前，三龙湾拥有美的、碧桂园 2 家世界 500 强企业，以及科达洁能、申菱空调等大批具有国际竞争力的制造业骨干企业，拥有 1 家省实验室（季华实验室）、29 家上市公司、83 个省工程技术研究中心、11 家孵化器、10 家众创空间、342 家高新技术企业、202 家科技型中小企业评价入库企业。

作为全省重大产业和科技发展平台、粤港澳大湾区重大合作平台，三龙湾科技城围绕智能制造、数字经济、机器人等战略性新兴产业招商引资。其中，虎牙全球研发总部、欢聚集团产业互联总部、阿里云创新中心、工业互联网粤港澳大湾区基地、广东联通湾区（佛山）数据中心、富士康工业富联佛山智造谷、利泰集团总部、宏旺集团总部等多个重大项目，以及南华仪器、中科安齿等一批"高精尖"领军企业均选择落户三龙湾科技城，进一步夯实了区域高质量发展产业之基。

作为对外开放的桥头堡，三龙湾科技城立足佛山制造业基础，促成了一批对接德国工业 4.0 的重大产业和科技项目陆续落地，编织了一张全面对德合作网络，并发起成立中德工业城市联盟同时承担秘书处职能，已成为德国一流企业在中国南方尤其是在粤港澳大湾区的首选集聚地、中德两国在工业服务领域的合作新高地。三龙湾科技城推动了中德城市间的经贸往来和企业合作，已有弗劳恩霍夫协会、库卡机器人等多个欧洲（德国）投资项目或中德合作项目进驻。其中位于三龙湾科技城核心片区的佛山潭洲国际会展中心，是国内第一个瞄准工业而建的专业展馆，目标是建设成为中国工业会展第一馆。而这个展馆，从策划到建设再到运营，德国汉诺威展览公司全程参与并提供了深度顾问服务。

2022 年 6 月，三龙湾科技城成为广东自贸试验区佛山联动发展区的重要组成部分，对外合作进程进一步加速。2022 年底三龙湾科技城发布《对德产业合作提升专项扶持办法（试行）》，填补了三龙湾在对德产业合作方面的政策空白。该政策专门针对德国等欧洲地区德语国家投资人到佛山投资设立的企业，为符合条件的企业提供落户奖励、租金补贴等扶持，单个企业累计最高可获 2000 万元扶持。另外，三龙湾将与有意向开展对华业务的德国、奥地利、瑞士、比利时、卢森堡等德语国家制造业、生产性服务业企业结为合伙人，帮助合伙人开拓粤港澳大湾区的市场。

历史的车轮滚滚向前。经过数年蓬勃发展的三龙湾科技城，结下累累硕果。作为佛山制造业当家的"创新枢纽"，三龙湾正大力培育战略性新兴产业，不断深化对德对欧合作，打造工业会展第一品牌，拓宽人才服务路径，以集聚创新发展要素、引领高质量发展为重要使命，提升城市吸引力，全力打造全国一流科技城，积极推进研发之城、产业之城、人才友好之城、国际之城建设。

星辰大海，创新不止步。佛山，一个历史悠久的城市，以其深厚的文化底蕴和敢为人先的精神，不断探索着现代化的路径。从传统手工艺到现代制造业，佛山的每一步发展都凝聚着创新与变革的力量。唯担当，方能勇毅笃行；唯创新，方能勇立潮头。让我们以星辰为引，以大海为航，以创新为帆，以梦想为舵，共同驶向更加繁荣的明天。

（四）谋划未来：布局未来产业，高质量推动佛山制造业当家

加快形成新质生产力，要积极培育未来产业。当产业与未来连接，总让人有无尽的遐想与憧憬。立足当下，未来产业发展"不进则退、慢进亦退"，培育未来产业，恰如提前种下一粒种子慢慢培育成一棵参天大树。佛山结合科技与产业基础，坚持把招商引资作为"一把手"工程来抓，用招商撬动佛山未来产业发展的新增长极。

相较于战略性新兴产业，未来产业发展成熟度较低、发展潜能极大。市委通过聚合关键要素资源长期培育，有望在 5 ～ 10 年内梯次产业化，10 ～ 15 年

内成为战略性新兴产业的中坚力量，对产业转型升级和经济社会可持续发展具有重要引领作用。

综合分析现有产业基础，氢能、人形机器人赛道值得佛山深化谋划布局、投入资源重点培育。氢能、人形机器人依托新能源、工业机器人战略性新兴产业集群进一步向上延伸，是有源之水、有本之木。

佛山在氢能产业领域已耕耘多年、前期投入巨大，已初步构建起"制、储、运、加、用"相对完备的产业链，相关产业基础处于全国领先位置。从氢能发展前景来看，氢能具有清洁无碳、绿色高效、应用场景丰富的特点，在全球加快绿色化转型的背景下，氢能产业已成为全球能源领域投资增速最快的行业，在交通出行、工业原料、电子工业、冶金工业、农业生产和医疗保健方面市场广阔。随着核心技术和政策突破，制氢用氢成本将逐步下降，必定有力推动产业化示范应用，氢能正处于大规模产业化商业化的黎明前夜。

广顺新能源氢燃料电池大巴

机器人是"制造业皇冠顶端的明珠"，其研发、制造、应用是衡量一个国家科技创新和高端制造业水平的重要标志。作为制造业大市，近年来，佛山积极推动机器人产业发展，牵头成立佛山智能装备技术研究院，以工业机器人、智能装备及关键零部件等战略性新兴产业为发展方向，依托北滘机器人谷智造产业园，成为全国第二大工业机器人生产基地。

人形机器人被视为继计算机、智能手机、新能源汽车之后的又一种颠覆性产品，拥有广阔的发展潜力和应用场景，随着人工智能 AI 技术突破性爆发式发展，人形机器人将具备更加实用和具体的能力，从而更好地满足通用性需求。佛山谋划布局发展人形机器人的产业链、创新链基础扎实，佛山制造应用场景广阔，人形机器人产业有促进医疗器械、新能源汽车、数控机床、仪器仪表等重点产业发展等天然基础优势，必将让"有家就有佛山造"名片更加闪亮。

二、架设桥梁：
建起协同创新"乔灌草"生态平台

瞄准世界科技前沿和国家重大战略需求，佛山正在集聚海内外高端创新资源、强化战略科技力量、加快突破一批产业"卡脖子"技术；同时，佛山高度重视科创平台建设，促成科技成果供给、产业技术升级和终端市场需求精准对接，持续整合项目资源、人才资源、产业资源，推动科技成果转化赋能经济社会高质量发展。

佛山充分利用产业基础好、应用场景多、技术需求大的优势，聚焦产业所需、创新所能，坚定走好产业与科技融合聚变之路，让更多科技成果从"实验室"走向"生产线"、走进"大市场"。

（一）从"0"到"1"：解决核心技术"卡脖子"难题

在"0"到"1"的原始创新阶段，支持季华实验室牵头实施显示制造关键装备攻关及产业化行动，支持仙湖实验室加强新一代氢能燃料电池、氨氢融合新能源等技术攻关，牵引带动显示装备、绿色氢能、工业机器人、工业母机、医药健康等新兴产业融合集群发展。目前，在氢能领域，佛山集聚了170多家企业及项目，基本覆盖"制、储、运、加、用"全链条，氢能基础设施建设、终端示范应用规模居全国前列；在机器人领域，库卡等龙头企业发展势头强劲，机器人谷智造产业园等载体提速建设，从关键零部件到本体制造、系统集成与应用的完备产业链加快成型。

1. 季华实验室：顶天立地的创新"定海神针"

季华实验室成立于 2017 年 12 月，是广东省委、省政府启动建设的首批省级实验室，旨在打造先进制造科学与技术领域国内一流、国际高端的战略科技创新平台。从成立之初，季华实验室就提出要做"顶天立地"的事情：既要"顶天"——瞄准国家重大专项，解决国家重大战略需求；又要"立地"——瞄准佛山产业共性关键技术需求，服务地方经济发展。

季华实验室承担的国家及省部级科研项目占总经费的九成以上，其中不少是需要突破"卡脖子"问题、勇闯"无人区"的装备国产化任务，研发难度极大。成立以来，季华实验室沉淀了一批自主可控的核心技术，争取国家及省

季华实验室

部级项目 129 项，集聚力量进行原创性引领性科技攻关，在高分辨率 OLED 喷墨打印成套装备研究中取得重大突破，成为国际上两家掌握 250ppi 以上打印技术的单位之一（另一家是松下），并在全球首次实现 7 英寸 300ppi 器件的打印测试；自主研发国产替代商用型 6 英寸 SiC 外延生长装备，整机性能达国际先进水平；碳化硅高温外延装备、大功率微波电源已打破国外垄断并实现产业化；成功研制并发射了全球首颗 100 千克以内、0.5 米分辨率的光学成像卫星"佛山一号"。

目前季华实验室全职及双聘人员达 1032 人，引进全职院士 1 名，累计对外争取各类科研项目 306 项，合同总经费 29.4 亿元；累计孵化企业 20 家；年度发明专利申请量 570 件，在全国 4.5 万家科研院所中保持前列；显示装备核心技术攻关项目获省战略专项 30 亿元支持（23 家省实验室中唯一获此类支持的实验室）。此外，季华实验室还带动一方创新驱动新兴产业，孵化科技型企业 19 家，AI 自编程快速部署机器人、双臂工业机器人、冲压模具智能设计系统等成果形成行业示范，并依托重大项目支撑本地产业园建设。

2. 仙湖实验室：打造氢能领域重点实验室

仙湖实验室成立于 2019 年 11 月，是广东省重点建设的第三批省级实验平台。2023 年 4 月，仙湖实验室成功获国家能源局批准建设"国家能源氢能及氨氢融合新能源技术重点实验室"。仙湖实验室通过集体攻关成功研发出全球首台氨氢融合零碳重型商用卡车直喷内燃机并成功点火，标志着我国在商用车实现碳中和技术领域上实现重大突破；积极推进工业窑炉氨氢融合零碳燃烧技术在蒙娜丽莎年产百万平方米量产线上应用，标志着高温制造业低碳转型又迈出重要一步；在第三批省实验室验收考核中被评为优秀，获省 2.9 亿元奖补。目前，实验室集聚科研人才 146 人，全职引进院士 1 名，累计孵化科技型企业 7 家。

一个大有可为的时代，需要大有作为的魄力。佛山仙湖实验室已制定了争创国家能源重点实验室的发展目标，将持续加强中长期规划、优化科研布局、加强人才协同发展、深化自主创新，以科技创新突破产业发展瓶颈，抢占行业技术高地，助力中国氢能掌握更多话语权，推动氢能走向工业、走进生活、走入寻常百姓家。

3. 蓝橙实验室：佛山首个国家级科技创新平台

美的集团获批建设全国重点实验室（蓝橙实验室），实现佛山市国家级重大科技创新平台零的突破。目前已获高质量发展专项、国家重点研发计划多项，并牵头制定机器人国家标准 7 项。

（二）从"1"到"10"：打造中试产业天堂

在"1"到"10"的技术转化阶段，佛山建有省级工程技术研究中心 890 家、省级企业技术中心 199 家，居全省前列。

有研（广东）新材料技术研究院已合作设立"智能传感功能材料国家重点实验室广东分实验室"及"国家动力电池创新中心－有研广东院联合实验室"两大平台。广东中科半导体微纳制造技术研究院成功引进上海、武汉等地半导体企业 8 家，总估值超 20 亿元。佛山智能装备技术研究院牵头引进建设国家智能设计与数控技术创新中心佛山中心，助力佛山机器人产业发展成为行业第一梯队；联合佛山华数机器人中标国家发展改革委重大技术攻关类型项目，计划总投资 3.8 亿元。

当前，佛山正在加快推进中试验证平台建设，支持组建骨干企业牵头构建创新联合体，努力打通产学研融合"最后一公里"。

科学技术只有应用到生产过程中，才会转化为新质生产力。中试就是把处在试制阶段的新产品转化为生产过程的过渡性实验，被称为科技成果转化的"最后一公里"。

为了推动中试产业发展，2024年，佛山发布了《关于加快发展中试产业的意见》，多个层面赋能中试产业发展。包括支持企业、科研院所、园区分批次搭建产业链中试平台，重点支持季华实验室打造具有国际先进水平的新型显示装备国家级中试平台，支持一批优质中试平台打造省级中试平台，成立佛山中试产业联盟等。

作为制造业大市，佛山大抓科研成果转化、大抓中试产业发展，并非一时的心血来潮。近年来，佛山对于科技成果转移转化的支持力度不可谓不大，从引进创新创业团队，到加大力度推广技术合同认定登记，再到出台促进科技成果转移转化实施细则等真金白银的奖励政策……在助推科技成果转移转化上，佛山矢志不渝。

佛山发展中试产业有市场、有基础，更有保障。

在中试产业高质量发展大会上，5个概念验证中心和20个中试平台被授牌。这些平台的建设方，既有季华实验室、仙湖实验室等大型科研机构，也有汉腾生物科技有限公司、广东佛智芯微电子技术研究有限公司等民营企业。

比如，季华实验室建设了印刷式OLED显示装备中试平台和先进制造材料概念验证中心，正在打造"整线带动整机，整机带动零部件及材料、工艺"的创新路径，并将材料科学的创新理论转化为实际应用，通过技术验证促进新技术、新成果产业化应用。

广东中科半导体微纳制造技术研究院打造了半导体微纳加工、半导体材料外延两大公共服务中试平台，其中半导体微纳加工平台针对多种半导体分立器件开展芯片加工中试流片服务，设计产能为8寸5000片／月；半导体材料外延平台提供材料外延生长定制化服务及测试服务，设计产能为4寸4000片／月。

"特别感谢佛山市创建各类中试平台，助力我们在成立15个月的时间就已完成天使轮及 Pre-A 轮的近亿元融资，为后续发展奠定了坚实的基础。"当云山动力董事长袁定凯在佛山市中试产业高质量发展大会上说出这番肺腑之言时，佛山发展中试产业的意义有了更具象的表达。

（三）从"10"到"100"：专精特新"小巨人"拔节生长

在"10"到"100"的成果产业化阶段，佛山正在加强科技人才团队引育，精准扶持培育初创企业，在高新技术企业突破 1 万家的基础上，推动创新型企业"量""质"齐升。目前，8 家重点扶持的科技创新平台累计培育和引进各级创新创业团队 207 个、科技型企业 359 家，服务企业超 3500 家，研究院及所孵化企业累计申请专利超 1500 件，累计销售超 33 亿元。

比如，希荻微在 12 年前落户佛山时团队只有 4 人，如今已成为国内模拟集成电路细分领域的龙头企业、上市公司；中科安齿仅用 9 年时间，就成长为全球牙种植体竞争力前十的唯一中国企业，专利总数占全国该领域的 40%；科达液压数万台自主研发的大排量高压柱塞泵和斜轴柱塞马达应用于各行业龙头企业和国家重大工程，成功替代进口，并成功应用于港珠澳大桥最大打桩机等多项国家重大工程，一步步成长为国家级专精特新"小巨人"企业；在数字化赋能下，汇博机器人推出了智能物流解决方案，运用堆垛机立体库、自动引导运输车辆、轨道制导技术车辆、输送线等自动化设备，配合仓库管理系统和仓库控制系统，实现物流运输、存储等业务的高度自动化和智能化。目前，汇博机器人已成功入选国家级专精特新"小巨人"企业和重点"小巨人"企业名单。

国家以专精特新为核心的中小企业梯度培育体系已经形成。截至 2024 年 3 月，我国已累计培育专精特新中小企业 12.4 万家，其中专精特新"小巨人"企业 1.2 万家。专精特新中小企业大量涌现、共同发力，必将不断地为新质生产力培育献力，为经济高质量发展注入更多新活力新动能，为我国全面建设社会主义现代化国家贡献力量。

目前，佛山国家级专精特新"小巨人"企业的数量不多，但佛山制造业实力雄厚，规模庞大，这些都是培育更多专精特新"小巨人"企业的"沃土"。新出台的《佛山市"专精特新"企业倍增培育工作方案（2023—2025年）》，将从加大财政资金扶持力度、加大金融支持力度、支持企业人才培育等七大方面对企业进行扶持，只要认真抓好落实，乘势而上、谋新应变，我们有理由相信，佛山将会逐步成为专精特新的发展高地，会有越来越多专精特新"小巨人"在这里涌现！

三、厚植沃土：
营造近悦远来创新创业环境

在佛山，投资创业的人越来越多。截至 2024 年 4 月底，佛山经营主体总量达 165.33 万户，同比增长 17.52%。按常住人口计算，全市每 6 人中就有 1 人当"老板"，比例居全省和全国前列。

（一）为创业梦想播下"种子"，打造"创业联盟＋孵化平台"建设模式

一直以来，佛山深入贯彻国家、省、市关于大众创业万众创新工作部署，围绕"创业佛山"工作目标，通过"1＋5＋N"创业孵化基地体系建设，培育多元创业主体，不断激发和释放创新创业活力。

为统筹做好佛山"1＋5＋N"创业孵化基地的协同联动发展，佛山积极推进"创业联盟＋孵化平台"建设工作，一是以"1＋5＋N"创业基地联盟为抓手，实现资源共享、协同发展的格局；二是以"1＋5＋N"孵化平台建设为载体，聚集和共享佛山市的创业大数据及各种资讯。

围绕港澳青年创业孵化载体需求，佛山港澳青年创业孵化基地应运而生。该基地成功入选首批粤港澳大湾区港澳青年创新创业基地，禅城主园区和南海、

顺德两个分园区形成一基地两园区发展格局。截至 2024 年 1 月，"一基地两园区"累计引进项目 176 个，带动就业人数 660 人，其中港澳项目 98 个，在孵项目年产值约 1.08 亿元。不仅如此，佛山还通过"展翅计划"港澳大学生实习专项行动等，让港澳青年实地体验佛山的城市魅力。

目前，佛山港澳青年创业孵化基地已挂牌设立了"佛山港澳青年就业创业服务中心"，集咨询、融资、法律、实训、交流、孵化等功能于一体，空间设施一应俱全，公共服务一步到位，实现港澳青年创业者"拎包入驻"。

（二）创业梦想在此"发芽"，培育多元创业主体

依托"1+5+N"创业孵化基地，佛山广泛挖掘和引进省内外及海外创业资源，重点引进高校毕业生、留学归国人才、高层次人才在佛山创业。

佛山市博士和博士后创新创业孵化基地发挥高校科技成果资源优势，以提升服务水平为重点，以培育战略性新兴产业源头企业和创新创业人才为目标，全力打造创新要素流动平台、自主创新科技平台、投融资服务平台、产学研合作平台，在加快科技成果转化、吸引人才聚集等方面发挥了重要作用，有效地促进了基地企业科技创新活动的开展和自主创新能力的提升。

截至 2023 年，基地累计引进项目 102 个；博士以上人才累计引入 135 人；累计产值超 3 亿元人民币，累计年营收额超千万企业 9 家；国家级高新技术企业认定 3 家，"四上"企业纳统 1 家；累计创新创业活动 110 余场；创新资源对接超 100 次，孵化服务 116 次。

佛山是粤港澳大湾区重要节点城市，青年是粤港澳大湾区的未来。近年来，随着粤港澳大湾区建设不断推进，城市之间人才、技术等创新创业资源的流通日益频密。在佛山抛出"绣球"的同时，越来越多港澳创业者也将佛山作为逐梦之地。

"我算是最早一批在佛山创业的香港青年，现在一日之内往返佛山、香港两地已经成为常态。"7 年前，叶兴华在佛山创办工合空间，致力成为大湾区的"超级联系人"。如今，以佛山为总部，他的"联系人"网络已经拓展至北京、天津等 10 多个城市。

"公司成立后入驻佛山港澳青年创业孵化基地，享受了场地租金全免、水电物管费全免、办公设备免费使用的优惠政策。我们在拿证审批、对接资源、员工社保、创业补贴等方面都享受到了来自佛山市各级政府提供的服务。最近，在人社部门的帮助下，我申请到了一笔 30 万元的创业担保贷款，还可以享受50% 的财政贴息支持。"来自澳门的创业青年邓嘉欣介绍。

像叶兴华、邓嘉欣这样的港澳创业者并非个例。截至 2024 年 1 月，佛山由港澳籍股东开办的经营主体数量近 4000 家。

为什么选择佛山？这应该是每位港澳创业者经常被问到的问题。

在叶兴华看来，佛山优越的区域位置和较低的创业成本，是吸引他在此创业的重要原因。佛山东倚广州、靠近港澳，借助轨道交通可快速通达大湾区内各个城市，到香港也仅需一个多小时。与广深相比，佛山的各项创业成本相对较低，更符合创业者当下的发展需求。

对邓嘉欣而言，佛山规模庞大的传统产业为她提供了巨大的市场需求空间。"我们一开始选择以家居建材类产品切入直播带货行业。家居建材行业的痛点是复购率低、客单价高且客户考虑周期长。而直播带货既可以解决企业获客渠道单一的问题，也能让消费者更高效地了解产品，对企业来说属于低成本、高回报。"不仅如此，彼时佛山从事家居建材类产品直播带货的人很少，属于小众赛道，这也让她快速站稳脚跟，赚得了"第一桶金"。

不同的人，选择佛山的理由或许各不相同。但可以肯定的是，随着城市之间交流日益深入，软硬件配套不断完善，包括佛山在内的大湾区城市正在吸引越来越多港澳创业者的目光。

（三）助力创业梦想"开花结果"，营造浓厚创业氛围

佛山"爱才有道"，不仅设立"人才日"，还重构优化人才政策体系，出台"2+N"①人才新政，搭建人才服务"一卡一区一园"，正在形成近悦远来的人才发展环境。

9月27日是佛山企业家日、人才日。"佛山企业家日、人才日一系列活动的举办，充分体现了佛山对人才的尊重，对企业的支持，这让我更有信心、更有希望，能借佛山政策的东风，带领我的团队扬帆远航。"多功能创面促愈敷料体系的研发及产业化团队带头人王健表示，2022年，该高技术产业化创业团队成功签约落地佛山高新区。

"这既是佛山给我们所有人才和企业家的一个荣誉，也是对我们努力做科技工作的肯定。"获颁"佛山市创新创业领军人才"后，中国中药控股有限公司首席科学家魏梅心情非常激动。她表示，近年来佛山不断创造更优的创新创业环境，如人才政策、教育和医疗服务配套等，为企业家和人才提供干事创业的机遇和平台，也吸引带动越来越多人才集聚佛山。"佛山是一座很务实、让人感到温暖的城市，为我们解决了很多后顾之忧，能够安心发展事业。"

广东星联科技有限公司董事长张伟明说，以前做企业做得好，可能只能获得自己的亲戚朋友的尊重和认可，现在得到来自社会、政府的认可与尊重，对企业家来说是多年奋斗的一个很好的回报。

---

① "2+N"人才政策体系："2"即《关于加强党对新时代人才工作全面领导进一步落实党管人才原则的意见》《关于建设高水平人才高地创新高地的意见》2个抓总文件，"N"即多个配套政策，如《佛山市重点扶持人才目录》《佛山市人才安居办法》《佛山市金融支持人才创新创业实施意见》《佛山市高层次人才服务专员工作制度》《佛山市人才引进扶持标准》《佛山市人才成长扶持标准》《佛山市重点扶持人才评定和举荐办法》等，逐步形成顶层综合政策、配套实施细则等位阶高低有序的"2+N"人才政策体系。

"这次来参会感受很深刻，充满着幸福感。"作为一家扎根本土 30 多年的企业，广东美思内衣有限公司董事长吴艳芬说。她通过佛山一系列的举措，感受到了这座城市对企业及人才的重视，尤其是此次颁布的"2+N"政策，分层次、更细致、全方位奖励人才。"比如说制造业方面应用型的人才，包括教育、生活、医疗、交通等各方面，都有了更深化的安排，让在佛山生活奋斗的人，感受到这座城市的幸福和温暖。"

在佛山铧昌电器有限公司总经理包丽娜看来，佛山一直不遗余力打造一流的营商环境，此次发布的"2+N"人才新政，包括了人才落户、人才安家、高端人才的住房补贴、子女教育等，"有利于企业把高端人才引进来，也有利于把佛山的产业做好"。

佛山市儿童用品产业协会会长、广东熊派科技管理有限公司董事长卢良添表示，此次参会能够感受到佛山市委、市政府对佛山制造业未来的发展给出了很多政策和支持。近年来，佛山市委、市政府，禅城区委、区政府对佛山传统产业转型升级给予了高度重视和支持，佛山的纺织服装产业在这个过程中也乘着数字化转型的东风，迎来新的发展。

2023 年，佛山举办人才发展大会暨第二期佛商论坛，佛山重磅发布"2+N"人才新政，更新全市人才引进扶持、人才成长扶持标准。其中，对于全职新引进的领军人才，佛山将最高给予 1000 万元奖补。

佛山人才新政出台是一次对人才政策体系的优化提升，是一次破"四唯"的用才观念转变，是一次讲真心又讲真金的纳才之举。

在政策上"礼遇"、待遇上"礼敬"，佛山坚持把深化人才体制机制改革作为重中之重，释放出一个强烈信号，展现出对人才求贤若渴之心。

强化全市一盘棋，对全市领军人才、青年储备人才、博士博士后等人才统一政策出口、统一评价标准、统一扶持标准，打破市区政策不衔接、部门之间政出多门等突出问题，从源头上抑制各区之间无序竞争难题。

比如对诺贝尔奖获得者、"两院"院士等一类领军人才，全市统一采用"一事一议""一人一策"扶持标准。对高级职称专业技术人才，从五区各不相同的扶持政策，转变为统一采用"正高职称：安家补贴 30 万元；副高职称：安家补贴 20 万元"的扶持标准。

扶持措施再升级，从市级层面健全人才安居、成长奖励等服务体系，让人才服务更有温度。佛山创新实物配置保障。其中，全职新引进的一类领军人才选择实物配置方式保障的，可向用人单位所在地申请租住建筑面积 200 平方米左右的产权型人才住房、累计不超过 5 年租金全额减免。人才在佛山服务累计满 5 年的，可通过用人单位申请赠与所租的产权型人才住房。《佛山市人才引进扶持标准》明确对人才的安家补贴、购房补贴、生活补贴、租房补贴等，让人才无后顾之忧。

强化对制造业领域和新型研发机构工作人才奖补，促进人才链与产业链融合，让企业发展有支撑、制造业转型升级有底气。根据产业发展规划，对在制造业领域和新型研发机构工作的人才给予额外扶持；在领军人才目录中，新增"大国工匠""世界技能大赛金牌获得者"等条目，让引进的人才更加符合佛山产业定位，将"制造业当家"的人才导向落到实处，更加精准扶持佛山急需急缺人才。

第四章

"敢为人先"铸就改革先锋

　　改革潮涌广东，佛山率先探路。在推进现代化发展的历程中，改革仿佛是刻在佛山骨子里的基因。纵观 40 多年的改革开放历程，佛山始终保持改革创新的敏锐力，全面深化重点领域改革，积极探索中国式现代化的佛山路径。"构建'益晒你'企业服务体系""全域土地综合整治改革""农村综合体制改革""数据要素市场化配置改革"……一个个改革创新的鲜活故事，激发起全市高质量发展的澎湃动力，也彰显出佛山推动高质量发展的新格局、新气象、新活力。

一、近悦远来：
营商好环境，佛山"益晒你"[①]

（一）独辟蹊径：商事登记制度改革激活市场"一池春水"

网上曾有这样一段动漫短片：一头粉嘟嘟的小胖猪去跑审批，跑了 8 个局，盖了无数章，最后呼哧带喘地趴在秤上，一下累瘦了 70 千克。小猪盖的一个个公章背后就是实行了几十年的行政审批制度。要让公章不再"旅行"，就必须要"以革自己命的勇气"深化行政审批制度改革，使政府职能归位。

作为中国县域经济的排头兵，早在 20 世纪 80 年代，顺德就已实现了农业经济向工业经济的跨越，成为赫赫有名的广东"四小虎"之一。顺德以敢做第一个"吃螃蟹者"的胆识和魄力，多次赢得"全国综合实力百强区""中国全面小康十大示范县市"等荣誉。

1992 年 2 月，广东省委、省政府确定顺德为广东省综合改革试验县，赋予更多改革自主权。顺德率先启动企业产权改革，让民营经济驶入高速发展的快车道。然而，随着经济社会的发展，行政体制的弊端也显现出来，如政府机构

①　"益"是助益、有好处的意思，"晒"在粤语中是"全部"的意思，"你"指的是企业。"益晒你"即政府把好的都给到企业。

重叠、行政职责交叉、多头管理等问题,严重影响政府履职能力,束缚经济发展活力。2008年,中共中央和国务院颁布《关于地方政府机构改革的意见》,开启新一轮地方行政体制改革。同年11月,顺德被列为广东省深化行政体制改革试点,2009年正式启动大部制改革,通过合并同类项把41个党政群机构及部分双管单位整合为16个大部门。部门整合使审批职能进一步集中,但群众办事只是从跑部门变成了跑科室,"办事难"没有得到根本改变。

2011年8月,顺德在全省率先启动新一轮行政审批制度改革,其中一项重头戏便是商事登记制度改革。

顺德以制造业为主,806平方千米的土地上,早在2012年前后便聚集了近2万家民营企业,"顺德制造"享誉海内外。随着土地、劳动力等要素成本的上升,其他内陆地区基础设施的日益完善,许多企业出于产业布局和抢占优势资源的考虑,不可避免会有异地扩张的需求。顺德审改办工作人员发现,企业办理注册登记需要在多个部门之间来回奔波,手续烦琐,等待期长,极为不便。在捕捉到企业需求后,顺德清晰认识到,只有重塑良好营商环境、降低企业综合营商成本,才是成功留住企业和吸引更多投资创业需求的关键。

2012年4月27日,顺德区公布了以"三分离三构建"为核心的商事登记制度改革方案,在全国首推商事登记制度改革,打开经营范围的"连环锁",让商事主体资格和经营资格相分离;打破注册资本的"玻璃门",从"实缴制"向"认缴制"转变,实行"零首期"登记制度;拆除住所登记的"铁栅栏",采取住所和经营场所各自独立的登记管理方式,实施一址多照和一照多址。企业注册的资金、场所、年检等诸多"拦路虎"一下子都解决了。

2002年大学毕业后,陈珊就一直想办一个网购公司,但3万元的起步资金以及烦琐的审批手续,让这个梦想显得遥不可及。顺德开启商事登记制度改革后,创业门槛降低,陈珊成为零资本注册的第一个受益人,提出申请当天就拿到了营业执照。

商事登记制度改革推出一年后，顺德再次在全省首推"一表登记，三证同发"企业登记并联审批，打通工商、税务、质监、公安各个部门在注册公司环节中的工作，简化审批流程。原来需在 4 个部门间至少往返 7 次、提交 34 份资料、13.5 个工作日才能领取的证照，改革后只需在 1 个窗口提交 13 份资料、4 个工作日即可领取。

商事登记制度改革后，顺德月均设立公司 587 户，充分释放了社会投资创业的潜能，市场主体数量显著增长，大大激活了市场经济的"一池春水"。它的带动和辐射效应也倒逼佛山行政审批制度改革不断深入推进。顺德、禅城、南海等区县积极落实"简政放权"的要求，审批做"减法"，监管做"加法"，服务做"乘法"，使改革由"物理反应"进一步催生"化学反应"，在行政审批制度改革这条"赛道"上遥遥领先。

（二）蹄疾步稳："一门式"搭起便民利企"连心桥"

在佛山市禅城区行政服务中心办事大厅，前来换领身份证的刘女士，在智能机上输入身份证号码，核验指纹、摄像头拍照、领取证件……用了不到 5 分钟就顺利完成换证。某公司负责人朱先生在智能柜台轻轻刷了身份证，按语音提示操作，仅用 10 分钟就办理了涉税业务。

以前，群众办事是"多个部门来回跑、办理手续繁多、排队等候时间长"，如今只需推开一扇门、进入一张网，就能享受无部门界限、无标准差异的政务服务。如今甚至足不出户就可以随时随地线上办、掌上办，"在佛山办事就像网购一样方便"。

这些鲜明转变源自 2014 年 3 月开启的一场具有自我革命意义的突破性改革——禅城区"一门式"政务服务改革（以下简称"一门式"改革）。

作为佛山市委、市政府所在地，禅城区交通便利，地理位置优越，是广佛都市圈核心区。但作为中心老城区,这里人口密度高,土地面积和发展空间有限,没有特殊政策和资源,却承担着建设佛山"强中心"的重要任务和多重压力。

如何既满足群众多元需求,又在市场竞争中突破局限,增强区域综合竞争力? 2014年,全国新一轮行政审批制度改革拉开帷幕。当时,佛山各部门"事权在握",部门之间的"信息孤岛""数字鸿沟"现象制约着政府公共服务能力。为贯彻落实党中央、国务院关于加快转变政府职能、深化行政审批制度改革、建设服务型政府的要求,禅城区决定以"一门式"改革作为突破口,着力解决群众办事难、统一标准难、信息共享难、部门放权难等行政审批顽疾,打造法治化便利化国际化的营商环境,再造区域竞争新优势。

说干就干! 秉持"把简单带给群众和政府、把复杂留给信息系统"的核心理念,禅城区以问题和需求为导向倒逼行政审批制度改革。

首先是"合门并窗",禅城将分散在各职能部门办事大厅的服务事项整合到行政服务中心大厅一个"门",将以部门业务划分的"专项业务窗"合并为"综合服务窗",对接政府所有行政审批服务,任一窗口都可办理相同事项。群众办事无须在多个大厅和部门窗口之间来回奔跑、反复排队。其次是加强标准化建设。厘清部门职责,像"洗白菜叶"一样对所有事项进行梳理和整合,整理出"负面清单"、"权力清单"和"监管清单",形成统一规范和标准,把权力关进制度的笼子,杜绝"人情办事",实现阳光化无差别审批。

此外,禅城巧用跳转对接、网络爬虫等信息技术,实现44个专线子系统贯通,有效打破部门数据壁垒和"信息孤岛",由"群众跑腿"变为"数据跑路",成功实现从"N"到"1"、从"1"到"0"的质变。通过联通部门"条状数据",沉淀群众动态的"块状数据",构建统一的"大数据池",建立起"用数据服务、用数据决策、用数据监管、用数据兴业"的运行机制,赋能政府公共决策和基层社会治理。

"一门式"改革倒逼政府自我变革,提升了服务效能,方便了群众企业办事,激发了市场活力，同时激活了经济社会发展活力，提高了政府的科学决策和服务水平，释放出巨大的改革红利。2015 年，央视《新闻联播》以"打通简政放权的'最后一公里'"为题，聚焦禅城"一门式"改革，充分肯定改革的方向和成绩。

2016 年 3 月，禅城区的改革经验在广东全省推广。2019 年，禅城区行政服务中心获"国字号"荣誉，被评为全国"人民满意的公务员集体"。

面对成绩，禅城区政务服务改革没有停下脚步，而是乘势而上，持续创新。不仅当好"群众贴心人"，更聚焦优化营商环境，当好"企业服务员"。

2020 年新冠疫情期间，佛山市龙光骏鑫房地产有限公司的一个开发建设项目急需申报项目规划许可。由于不了解复工流程、材料和申报途径，一度陷入焦急中。禅城区行政服务中心了解情况后，派出专人全程跟进，从接受企业咨询到邮政寄出结果，全流程仅用时 4 天。公司负责人说："政府全流程帮办，我们一次也不用跑，得到实实在在的红利。"①

企业全生命周期服务、惠企政策库、"免申即享"、暖企全年无休、"开业拿证"、"湾区通办"、"拿地开工"全流程网办、容缺（信任）审批、无感服务、高频事项"秒批智办"……一系列创新举措使禅城区营商环境持续优化，市场活力充分激发。2024 年，禅城区共有市场主体 41.04 万户，同比增长 9.37%。

从敢饮"头啖汤"到勇于自我革新，"一门式"改革书写了一份亮丽的新时代改革答卷。

（三）润物无声："益晒你"让企业成为佛山代言人

2024 年 7 月 3 日，中央广播电视总台发布《2023 城市营商环境创新报告》，

---

① 《办事从"跑断腿"到"零跑腿"》，禅城区人民政府网站，http://www.chancheng.gov.cn/ccfw/zwgk/gzdt/content/post_4442263.html。

佛山入选 2023 城市营商环境"年度创新城市";在广东省发改委印发的《2024年广东省营商环境评价报告》中,佛山营商环境评价连续第三年位居全省地级市第一。

营商环境的持续优化为经济稳步增长发挥了重要的引领、推动和支撑作用。2024 年,佛山经营主体总数达 171 万户,增长 8.5%;新增规上工业企业超 1000家,102 家企业上榜"广东制造业 500 强",数量居全省第一。

这些亮眼的成绩单正是对佛山近年来努力构建"益晒你"企业服务体系、打造一流营商环境的有力证明和充分肯定。在佛山,"益晒你"并不是一句口号,而是各级党委、政府真心实意为企业提供更加优质高效的政务服务、切实把好处给到企业、提升企业获得感和满意度的行动自觉。

作为民营经济大市,佛山只有以一流的营商环境呵护好民营经济和民营企业,才能在城市竞争中脱颖而出、赢得未来。2021 年以来,佛山市委就把打造一流营商环境作为"一号改革工程",印发实施《构建佛山"益晒你"企业服务体系打造一流营商环境的行动方案》(以下简称《行动方案》)并保持每年滚动更新,高位推进营商环境改革,全面打通企业反映强烈的痛点难点堵点,为制造业当家激发动力。

工程建设项目审批制度改革曾是一块"硬骨头"。以前,一个工程建设项目审批涉及 20 个部门 104 个事项,企业从签约到开工要经历漫长的等待。如今,佛山全面落实建设项目"拿地即开工",创造性实施"领导小组 + 代办小组"工作机制,组建重大重点项目审批代办及交易靠前服务专班,有力推动重点项目快审批、快开工、快建设、快达效。2024 年全市政府投资项目全流程平均审批用时 27 个工作日,社会投资项目全流程平均审批用时 21 个工作日,大幅优于省里要求的 100 个工作日和 60 个工作日。

"佛山速度"的背后,正是构建"益晒你"企业服务体系、打造一流营商环境过程中,为企业投资项目审批、开工、建设、投产全环节提速所作出的努力。

许多享受到优质高效服务的企业家不仅将产业总部落户佛山，更主动化身佛山"益晒你"营商环境的"代言人"，分享自己的亲身体会为"佛山口碑"点赞。

为对标国内外最好最优标准，佛山持续打好优化营商环境"组合拳"。

聚焦审批集成，政务环境更加优质高效。佛山实施商事制度"1"时代改革，开办企业实现全流程"1"环集成、"1"窗受理、"1"网通办、"1"照通行。

聚焦智慧监管，市场环境更加竞争有序。佛山在全国首创"人工智能＋双随机"监管，入选国务院办公厅深化"放管服"改革优化营商环境可复制可推广经验。积极推行包容审慎监管和"双免"监管，优先采取教育提醒、劝导示范等柔性执法方式。

聚焦服务提质，法治环境更加公平公正。为企业提供专业化、多维度、一站式公共法律服务。加强知识产权保护，深入推进国家知识产权强市建设示范城市工作。佛山在全省率先建立困境企业市场化融资机制，提升破产重整融资效能。

在佛山市区两级行政服务中心挂牌成立的"益晒你"企业服务中心

聚焦供给加码，要素环境更加集聚活跃。佛山加大工业用地供应力度，推进工业用地红线管理，有序推进"工业上楼"。开展"金融赋能暖万企"专项行动，深入挖掘制造业企业融资需求。升级优粤佛山卡服务平台，不断完善线上线下一体化人才服务体系。

通过彻底"放"，最大限度激发市场主体活力；智慧"管"，为企业精准画像实现智慧监管；优化"服"，构建"益晒你"企业服务体系。如今，"益晒你"企业服务体系、"益企通"不见面审批、"创享易"一站式集成服务、市场监管"一照通行"、"三走"工作机制①、"十个没有"②亲清政商关系等已成为佛山营商环境建设的特色亮点，共同打造"营商好环境、佛山'益晒你'"品牌。

佛山发布的2024年度版《行动方案》指出，要纵深推进营商环境改革迭代升级，为各类市场主体投资兴业营造更加稳定、公平、透明、可预期的发展环境，激发更大市场活力。截至2025年3月，佛山经营主体总量达171万户。按常住人口961万人计算，每6个佛山人就有一个"老板"，已然形成"大企业顶天立地、小企业遍地珍珠"的良好发展格局。

佛山，以"敢为天下先"的魄力、"咬定青山不放松"的韧性、"越是艰险越向前"的闯劲，持续打造市场化、法治化、国际化营商环境，加快建设服务效率最高、管理最规范、综合成本最低的营商环境高地。未来，围绕落实广东省委"1310"具体部署，佛山将肩负起"经济大市挑大梁"的使命担当，在推进中国式现代化的实践探索中干出业绩、闯出新路，拼出改革发展的新图景。

---

① 2022年8月，佛山市委办、市府办印发《关于扎实开展"三走"工作的通知》，要求各级领导干部"走下去"服务企业、"走出去"招商引资、"走上去"争取支持，打造一流营商环境，推动经济稳增长。

② "十个没有"，即充分落实权利平等、机会平等、规则平等要求，没有推诿扯皮、没有吃拿卡要、没有权钱交易、没有暗箱操作、没有随意执法、没有侵权争利、没有违规收费、没有优亲厚友、没有诚信失守、没有插手干预。

二、寸土多金：
亩均论英雄，攻坚"改腾治"

作为基础性制度安排，土地制度对国家政治经济发展的重要性不言而喻。随着工业化和城市化的快速推进，在过去的 70 多年时间里，土地制度改革跟随国家经济发展变迁脉络，通过基层创新、顶层设计与试点试验，不断探索完善。佛山在推动土地用途转变的过程中所积累的经验，也成为改革创新中浓墨重彩的一笔。

（一）探路："三旧"改造助推城市更新

千灯湖中轴线绵延舒展、岭南天地古今相融、顺德机器人谷横空出世⋯⋯佛山城市嬗变的故事，正是从旧城镇、旧厂房、旧村居（"三旧"）开启的城市更新行动。

早在 2007 年 6 月，佛山就开始探索实施城市更新，颁布《印发关于加快推进旧城镇旧厂房旧村居改造的决定及 3 个相关指导意见的通知》，在全国率先明确提出实施"三旧"改造，并成立市"三旧"改造办公室作为常设专责工作机构，自此正式开启"三旧"改造探索之路。

作为广东省首批两个"三旧"改造试点城市之一，十多年来，佛山市各区政府、市国土规划部门持续深入探索和总结,创新提出十余种"三旧"改造模式,许多创新和突破都被写入省政府政策文件。2009 年 11 月举行的广东省"三旧"改造现场会上,省政府提出在全省推广佛山经验,拉开广东省全面推进"三旧"改造序幕……

在旧城镇项目上,佛山市政府通过"毛地出让"、建立融资平台等方式获取市场资金来进行拆迁补偿,探索改造出禅城区祖庙东华里项目;在旧厂房项目上,佛山形成了政府挂账收储、自主改造等多种改造模式,龙江镇仙塘宝涌工业区项目、桂城爱车小镇项目都是这一模式的典型代表。

为加大改革力度、加强工作统筹,佛山市相继印发 2018 年 27 号文、2019 年 14 号文、2020 年 17 号文三份政府规范性文件和一份部门管理文件(《佛山市拆除重建类城市更新("三旧"改造)项目全流程管理实施指引》),建立健全城市更新政策框架和"四阶段"管理体系。在"政府引导、政策引领、组织引线"合力推动下,佛山通过组建城市更新局,编制《佛山市城市更新("三旧"改造)专项规划)(2021—2035 年)》和《佛山市城市更新("三旧"改造)全流程管理操作细则》,组织成立佛山城市更新协会等措施,突出以片区统筹规划促空间形态转变的改造思路,形成全市政策"一盘棋",在解决土地权属复杂、改造路径单一、改造成本高、拆迁清理难、流程复杂程序多、利益平衡困难等难题上深入实践创新,加快项目落地。

近 20 年的城市更新之路,让佛山的城市空间不断拓展、功能布局日益完善、人居环境显著优化。自 2011 年省政府开展"三旧"改造部门考核以来,佛山 5 次荣获一等奖。

如今的顺德德胜河滨公园,一路繁花相随,数千米长的德胜河南岸滨河景观带展现出制造业重镇的柔情一面,成为佛山推行城市更新的缩影。落日余晖下的渔人码头、夜景璀璨的东平河岸、微风轻抚的听音湖等城市品质提升项目,向人们展现着工业文明与现代生活交融之美,吸引无数市民前来打卡。

佛山新城滨河景观带

城市更新一头连着民生，一头连着发展。在全省"百县千镇万村高质量发展"这一"头号工程"推动下，佛山将立足"城市美学"开启新一轮城市更新行动，在做优增量和焕新存量方面双向发力，一个独具魅力的岭南名城将实现更惊艳的华丽转身。

（二）重塑：村级工业园改造重构产业格局

在珠江及其支流孕育出的绿色平原中，顺德仿佛一颗闪耀的明珠。它北接广州，南通中山，域内水道纵横，曾以鱼塘、蚕丝闻名。古时候，在顺德常见这样的景象：一船船铂金色的缫丝载出去；驶回来的船上，堆起的银锭悠悠颤颤，坠沉了半个船身。

如今，家电取代缫丝，成为了顺德生产的通货。

作为中国的家电之乡，世界的家电之都，顺德制造的空调、微波炉、咖啡机等产品占据全球份额第一。科龙、美的、格兰仕、万家乐……这些响当当的名字，都出生在这片土地上。

与依靠征地和土地国有化推动的工业化、城镇化模式不同，佛山的工业化、城镇化主要是在集体建设用地上开展的。从 20 世纪 90 年代初开始，为满足企业的用地需求，当时还是县级建制的南海、顺德，就以村组两级集体经济组织以兴办乡镇企业名义申请用地，办理土地使用权证，然后将土地出租给企业投资建设，大量的村级工业园由此兴起。"村村点火、户户冒烟"成为当时这片珠三角平原上工业生产的热闹景象……

改革开放以来，顺德在全国率先探索"三来一补""洗脚上田""企业改制"等一系列发展举措，实现了工业的迅速发展，制造业发展享誉全国。然而随着时代的发展，村级工业园成了产业转型升级和高质量发展的障碍——土地权属复杂、安全问题突出、利用效率低下等一系列问题，阻碍了人才和创新要素的引入，制约了顺德的发展。统计显示，全区 382 个村级工业园已占投产工业用地的 70%，却只贡献了 4.3% 的税收。

面对增资扩产的土地困境，格兰仕的掌舵人梁昭贤焦急万分："每天早上一睁眼，想的就是怎样再'挖'出 1 平方米。"3 万多人挤满了占地 400 亩的厂区，车间盖到了 10 层……据不完全统计，2017 年前后，顺德区内先后有 200 多家企业因为土地供应不足而流失。

改，成为摆在顺德面前的不二选择。

在广东省委的支持下，顺德扛起了建设广东省高质量发展体制机制改革创新实验区的重任。面对这一新的历史使命，佛山市委、市政府对市属权限按照"能放尽放"的原则予以放权，支持顺德大胆试、大胆闯、自主改。

2018 年 1 月 8 日，顺德将村级工业园改造作为"头号工程"。一场关于土地的"革命"在华南大地上吹响冲锋号。

面对用地政策突破难、长租期低租金现象普遍存在、土地权属复杂，改造意愿极难统一、利益诉求难平衡等难题，顺德组织"千人进百村"，挨家挨户、逐个企业做工作，通过点对点的宣讲，力求打破利益藩篱、平衡多方利益，最大限度凝聚改造共识。闻鸡起舞，风雨兼程，成为当时基层干部工作的常态。为避免其中的廉洁风险、法律风险、产业风险和社会风险，顺德村改在全市率先启动廉洁风险评估机制，《顺德区村级工业园升级改造实施意见》等"1+3"系列文件的出台，加快推进了村级工业园改造的步伐。

1 年，改造土地 1.1 万亩，远超过去 10 年的总和；1 年，关停淘汰企业 3195 家，为数个千亿产业腾挪空间；1 年，启动拆迁改造 194 个村级工业园。顺德的村改，引发央媒关注和报道。

依托腾出的 100 多亩地，曾经搬离顺德的格兰仕将整个供应链再次聚集顺德，用于打造开源芯片基地。美的智能工厂、大族机器人智造城也在这片发展热土上重新找到了无限可能。

"乘风破浪，在顺德再造一个格兰仕！"在顺德召开的 2021 年高质量发展大会上，格兰仕总裁梁昭贤以"再造一个格兰仕"为主题，就企业如何实现经济高质量发展发出动员令。在为全省高质量发展探路的同时，顺德被赋予从"再造顺德"到"再造珠三角"的改革担当……

除了支持传统产业转型升级，通过村改腾挪的连片空间，顺德还重点瞄准机器人、新材料、新一代信息技术、生物医药等战略性新兴产业，结合佛山市谋划的"双十园区"① 面向全球招商。

当前，顺德正奋力做好产业链条引育孵化和城市品质提升这一村改的"后半篇文章"：山姆会员店、光储充智能制造基地、长江集团商业中心项目等相继落地顺德；环购总部、松宜电气等项目实现增资扩产；奥比中光项目、威诺敦康复及适老化产业技术创新中心、本立电器·智能制造基地等接连动工；信展通电子生产、研发中心落成，上市企业总部文科股份迁册，更有世界 500 强企业京东"落子"顺德……

这座连续 12 年位居综合实力百强区首位的产业强区，正以更昂扬的姿态，开启城市高质量发展新征程。

（三）蝶变：全域土地综合整治推进城乡融合

如果说"三旧"改造和村级工业园改造分别是从"点"重构城市和产业的发展空间，那么全域土地综合整治则是立足城乡融合发展和区域协调发展的新阶段，从"面"的角度，以系统思维对农用地、建设用地进行整理和生态用地修复，解决国土空间布局无序化、土地分布碎片化、资源利用低效化

---

① 2022 年 7 月，佛山市委十三届四次全会部署打造"十大创新引领型特色制造业园区"和"十大现代服务业产业集聚区"，简称"双十园区"。

等问题，进一步优化生产、生活、生态空间格局，为区域发展与乡村振兴提供有力支撑。

2019 年，自然资源部印发《关于开展全域土地综合整治试点工作的通知》，开启全域土地综合整治工作。2022 年，广东省自然资源厅印发《全域土地综合整治省级试点名单》，公布了 20 个试点名单，其中包括 19 个以乡镇为实施单元的试点，佛山市南海区成为唯一以县域为实施单元的省级试点。

土地制度改革的重任，再一次落到了佛山身上。

与顺德相似，作为制造业大区，土地利用碎片化也是南海发展的"拦路虎"，面临着土地开发强度超 50%、村级工业园占全区工业用地超 50%、集体经营性建设用地占集体建设用地超 50% 等"3 个 50%"的挑战。2021 年 11 月 23 日，南海全域土地综合整治攻坚誓师大会暨河西沿江片区改造项目集中拆除行动在大沥镇举行，打响全域土地综合整治"第一炮"。大沥铁军、桂城战队、九江战龙、西樵尖兵、丹灶先锋、狮山雄狮、里水突击队相继集结，各个镇（街道）以破竹之势吹响了全域土地综合整治攻坚战的冲锋号。

为系统推进全域土地综合整治，南海区在坚持生态优先、绿色发展的理念下，成立了由区委书记、区长担任总指挥的"全域土整"指挥部，下设联合执法总队、办公室，挂钩领导和工作组，建立起区、镇街、村三级统筹配合体系。按照"政府可承受、农民可接受、发展可持续"的要求，南海坚持公共利益、社会效益和农民利益的一致性，做到改革进度、政府财力可承受程度和农民接受能力的有机统一，保障农民的合法权益，同时严格保护具有历史文化传承价值的村庄和建筑，最大限度保存历史文脉。为充分发挥社会投资主体作用，南海还积极引入社会资本参与其中，推动形成多元化参与的政企协同机制。

此外，南海不断完善土地政策工具包，推动《佛山市南海区人民政府办公室关于开展"三券"推动全域土地综合整治的指导意见》《佛山市南海区全域土地综合整治项目专项扶持资金管理暂行规定》等 70 多项创新政策陆续出台，构建了"一个工作方案、'三券'①核心制度、四类配套政策"的全域土地综合整治政策体系。

截至 2025 年 1 月，南海实施整治项目超 1100 个，投入资金约 760 亿元，拆除改造村级工业园近 2.6 万亩，综合整治近 6.2 万亩，整备连片产业用地近 2.5 万亩，腾退低效建设用地约 1.4 万亩，建设产业保障房 228 万平方米，集约农用地超 4 万亩，新增耕地超 7000 亩。

在推进土地整治过程中，南海坚持把土地交到实业家手里，在全区划定 11 个产业集聚区、63 个主题产业社区，共计 38.8 万亩，推动七成连片土地用于发展工业，为经济发展提供了用地保障。

因成效显著，南海全域土地综合整治成功入选国务院大督查土地计划指标奖励名单，获得省引导资金 2000 万元，累计获得用地指标 3180 亩。2024 年 12 月，南海全域土地综合整治入选广东省第一批第一档全域土地综合整治财政激励奖补项目，获省级 1000 万元奖补资金。"三券"案例入选"中国改革 2022 年度地方全面深化改革典型案例"县域 20 强，获国字号认可；房券制度、绿券制度被写入广东省助力实施"百县千镇万村高质量发展工程"的政策文件。接下来，南海还将探索"金券"制度，为"全域土整"引入金融活水。

2024 年 2 月 19 日下午，中央全面深化改革委员会第四次会议在京召开。会议审议通过多份文件，其中《关于改革土地管理制度增强对优势地区高质量发

---

① "三券"，即地券、房券及绿券。地券：土地权利人自愿将其低效、闲置、废弃的建设用地腾退并复垦为农用地后形成的指标凭证，包含建设用地指标、建设用地规模、耕地数量指标和水田指标。地券允许镇（街道）内自用、区内镇（街道）协商转让及区内公开交易，设定公开交易最低保护价。房券：主要保障发展权问题。在实施产业用地物业拆除并完成土地复垦复绿工作后向村（居）集体经济组织以及其他实施主体提供的未来特定时间内兑换产业保障房的权利凭证，也是村（居）集体经济组织兑现过渡期租金收益的权利凭证。绿券：不适宜复垦为连片农用地的建设用地，通过复绿后符合城市绿地发展或具有一定生态价值，按照一定比例兑换新增建设用地指标的奖励凭证。

展保障能力的意见》因聚焦土地问题，引发社会各界广泛关注。

习近平总书记在会上强调，"要建立健全同宏观政策、区域发展更加高效衔接的土地管理制度，提高土地要素配置精准性和利用效率，推动形成主体功能约束有效、国土开发协调有序的空间发展格局，增强土地要素对优势地区高质量发展保障能力"。

深化土地要素制度改革，赋予集体与国有土地"同地、同权、同价"，并发挥市场在资源配置中的决定性作用，必将打破传统制度刚性，推动土地要素向市场化配置有效转变。从城乡融合发展视角看，实现其空间生产价值由城乡共享，将更有利于城乡人口互融、空间均衡发展、经济协调共进、社会服务均等和生态环境共生。

通过锐意改革和政策创新，全域土地综合整治把碎片化的土地这块打乱的"魔方"重新组合拼接，为重点民生、产业项目落地储备了连片用地，带动了南海生产、生活、生态"三生空间"的全域提升，一幅城乡融合发展的画卷徐徐展开……

在已经通过表决的园区，挖掘机、洒水车忙碌不断，还有一批批基层干部扎进村居、走街串巷，进行表决前的动员或拆除前的协商谈判。

这是一场没有退路的攻坚战。

南海雄师的光芒，也在这场攻坚战中愈发闪耀。

三、强村富民：
乡村焕新颜，改革"鼓荷包"

改革春风拂过岭南水乡，焕发新生与活力。无论是改革开放初期大办乡镇企业，还是 20 世纪 90 年代兴起的农村综合改革①，在推进工业化、城市化进程中，佛山始终心系农村、情牵农民，立足村情、分类施策，精心勾勒宜居宜业和美的现代化岭南水乡画卷。

（一）提升组织力，驭好"三驾马车"

乡村要振兴，组织必振兴。佛山持续健全村党组织领导的村级组织体系，驾驭农村党组织、村民委员会和村庄集体经济组织"三驾马车"，不断促进农村文明进步、农民增收致富、农业提质增效。

走进佛山市三水区乐平镇的郊外公园，犹如穿梭于彩虹的缝隙，每一步都是色彩的跳跃，挥手间皆是醉人的芳香：猩艳的花烛、深紫的罗兰、粉红的玫瑰、淡黄的瑞香……一团团一垄垄争奇斗艳，游人嬉戏其中，村民喜笑颜开。

---

① 农村综合改革包括：1993 年起推行"以土地为核心"的股份合作制改革，2001 年推行"合并村及村改居"并采取固化股权和量化资产的改革，2011 年推行以大部制改革为主的农村综合改革。

　　然而，在 2018 年以前，这里还是杂草丛生、断壁残垣的景象，破旧的宅基地和撂荒已久的田地一直都得不到整治。"这片地闲置多年，不仅严重影响村容村貌，还没有办法进行盘活利用。"乐平镇新旗村党委书记说，"我们很早就想搞乡村旅游，但是由于征地阻力大，一直推不动。"

　　几千米外的源潭村，也在尝试发展观光旅游业，但是征地价格的分歧让项目屡屡受阻，面临"小集体"短期利益与"大集体"长远利益的冲突，各级党支部一度"说不上话、使不上劲"。

　　其实，像这样的村庄情况，以前还有很多。改革开放之初，佛山借由大量外资涌入契机，通过招商引资和大力发展"三来一补"企业，形成"村村点火、户户冒烟"的发展模式，农村开始走上工业化的发展道路。

　　1992 年下半年，佛山敢为人先，在南海开始实施以土地为核心的农村集体股份制改革，对原有的集体经济组织进行改造，对集体资产作价折股，量化到人，集体经济组织成为村民人人有股份的集体股份合作组织。应该说，在这个阶段，佛山以农村集体产权制度改革为契机，驾驭好了集体经济组织这驾"马车"，使其成为拉动佛山农村经济快速发展的重要力量，为走向富强提供了经济基础。与此同时，缘起于股份合作制的产权制度改革也为探索新型农村集体经济的有效实现方式贡献了佛山路径。

　　值得注意的是，在股份制改革之后，主要形成了两个层级的集体经济组织：经济联合社和经济社。前者是村一级的集体经济组织，后者是村民小组一级。进入新时代，佛山农村集体经济虽然规模很大，但主要资源、资产和资金还是集中在村民小组一级。面对高质量发展和农民新需求，村庄往往陷入经济发展低效化和农村集体设施低水平供给的尴尬局面。

　　可以说，佛山农村发展进入"深水区"，面对新问题、新挑战，村庄一级有"心"建强村，但是却无"力"办成事，怎么办？佛山交出了自己的改革答案——组织坚强，发展有力。

要有"力"办事，必须激活党的肌体的"神经末梢"，以组织振兴引领乡村振兴，提升村民小组党组织的覆盖力度，增强党组织的组织力。2018年10月，佛山以牵牛鼻子、啃硬骨头的决心，制定农村重要事权清单，从机制上明确基层党组织参与、审核、把关环节，厘清农村党组织的10项重要事权清单，细化参与流程，通过组织塑形筑牢乡村振兴的战斗堡垒。

明确重要事权让党组织"说得上话"。10项事权涵盖了各级村组的"三重一大"事项，即重大事项决策、重要干部任免、重要项目安排和大额资金使用。重大事项决策有一项，包括制定完善村规民约、自治组织和集体经济组织章程的主要流程；重要干部任免有四项，包括确定村各类组织成员和村民代表、股东代表候选人预备人选或建议人选、招聘村自聘人员以及选拔、培养和管理村储备人选；重要项目安排和大额资金使用有五项，包括集体经济组织资产交易管理、集体经济组织股份分红及补偿款分配、重大项目实施、集体经济组织大额资金使用、专项资金申报及上级拨付资金的管理使用。

细化参与流程让党组织"使得上劲"。制度的执行要有劲，关键是要找准着力点，佛山通过把事权清单的相关流程环节梳理清楚、设计完善，为基层执行者提供一个完整的"施工图"，促进事权落地。比如，涉及集体经济组织大额资金的使用上，确定了村民小组商议、村党组织审议，方可提交班子联席会议商议或镇街审批的制度。

村看村，户看户，群众看干部。通过清单管理，佛山农村党组织形成"三先"机制，即突出党组织及党员"重要精神先知、重要事项先议、实事好事先做"，党员干部先锋模范作用得以发挥，切实提升了群众满意度获得感。

清单呈章法，流程助落实。2019年2月，春色盎然，源潭村村委会内讨论声此起彼伏却和谐共鸣，村党委重新设计了事权清单和流程，同村委会、集体经济组织共同商议决策后，各党小组和村干部深入群众话家常、谈未来、道利弊，村内共识迅速汇聚，表决行云流水，从点到面，两个半月征地3500亩，

佛山市三水区源潭村

涉及7个自然村1400多户家庭，项目快速上马，村内花开成海，乡村美景如画般展开。

（二）打好组合拳，夯实"制度根基"

好风凭借力。在农村集体产权制度改革"前半篇"文章里，佛山以"股份制改革"探索出一条创新路径，在"后半篇"文章中，围绕发展和壮大新型农村集体经济，更加有效地管好、用活"三资"（农村集体资源、资产、资金），佛山打出了一套"组合拳"。截至 2023 年底，佛山市农村集体资产总额为 1326.76 亿元（不含土地作价），这些集体"三资"能否被有效盘活，集体经济发展能不能持续稳定，直接关系到共同富裕能否顺利实现。

1. "三资"管理有平台，农村集体经济管理服务显智慧

2022 年 12 月，佛山市召开市委常委会会议，审议通过了《佛山市农村集体"三资"管理服务改革工作方案》，正式吹响了全市农村集体"三资"管理服务改革"冲锋号"。

这不是佛山第一次在农村"三资"领域大刀阔斧开展改革。早在 2010 年，佛山就在广东省内首创建设集体资产交易管理和农村财务网上监控"两个平台"，2016 年建成农村集体经济组织成员（股权）信息管理平台。这三个"平台"在全面规范农村集体"三资"监管上发挥重要作用。然而，随着农村经济社会发展形势的变化，采取"以土聚财"封闭运营的传统发展模式已经同高质量发展的要求不相适应，集体经济管理粗放、交易不透明，部分边缘弱势村庄资源资产"无人问津"，新型农村集体经济的发展有所停滞。问题如石，改革就需要破石开路。

一项项具体举措，展现出佛山在"三资"管理服务上的坚定决心：

全面清产核资明家底，从源头上补齐监管漏洞，让农村集体经济发展心中有数，底气十足。在统一清产核资的数据标准和多部门联动保障核资准确性的基础上，佛山成功建立起标签化、可视化、实用化的农村集体资产"数字云图"，为农村资源资产变现提供了可能。佛山市 592 个涉农村（社区）6347 个集体经济组织共清查了 418908 宗，新增 3 万余宗，农村集体资源资产备案率达到 100%。

建成"三资"智慧云平台，实现"三个转变"，进一步提高农村集体"三

资"管理服务水平。一是从以往各区"散装"监管向着全市统筹监管转变,实现全市统一的一体化全流程管理;二是从以往区镇村三级交易向区级交易为主转变,实现全市统一的资产竞投管理;三是从以往线下交易向网上交易转变,持续激活农村集体资源资产价值。依托"三资"智慧云平台,构建起了"市级统筹、区级交易、镇级审核、村级申报"的交易机制,结合交易市场实际,提供网上竞投、公开协商、建议竞投、网上竞投(批量)4种交易模式,切实提高交易效率。

2023年4月3日,佛山农村集体"三资"智慧平台上线。上线仅12天,就促成了第一宗交易。在佛山市顺德区勒流街道的某股份社内,一宗鱼塘以4800元/(亩·年)的起拍价在9点准时上线竞投,短短3小时内,在超过1800名线上观众围观下,以5320元/(亩·年)的租金成交,溢价率达10.8%。2023年,佛山市网上组织交易项目超过1.3万宗,平均溢价率超9.4%,交易总额超50亿元,佛山农村集体经济实现增收增值,农村家底越来越实,农民"荷包"越来越鼓。

2. 专业人做专业事,农村职业经理人激发集体经济新活力

"土地、物业用完了,今后靠什么?市场好复杂,谁能给予支持?"这是佛山很多农村党委书记的普遍疑惑。

民之所问,政之所向。

为满足乡村振兴对人才的迫切需求,2023年12月,佛山立足实际,出台《推进新型农村集体经济高质量发展的意见》,探索农村职业经理人制度,通过引入农村职业经理人,让专业的人做专业的事,更好激活农村集体资源,盘活用好集体闲置资金,引领农民共同富裕。

按需合理选派,推动国企与乡村联动发展。2024年,首批选派的53名农村职业经理人来自国资系统,均为懂经营、善管理、有方法的高素质专业人才,他们进到农村,把现代经营理念带入农村,释放鲇鱼效应。位于禅城区祖庙街

道敦厚村内的厚金广场，该项目此前空置面积超过 12 万平方米，正着力引进电子商务、数字文化类企业和平台服务商。佛山为该村选派了有物业招商和项目运营能力的职业经理人，他为项目制定合理的业态规划和经营策略，聚焦引进高流量商贸业、高端服务业和数字文化产业等，打造特色项目。

市场化选人用人，促进集体经济与市场经济对接。为了鼓励村庄积极引入职业经理人，佛山市持续加大政策支持力度，让"外来的和尚念好本地经"。例如，禅城区启动农村职业经理人培育行动，出台《禅城区关于试行引入农村职业经理人发展农村集体经济的工作方案》，明确引入农村职业经理人的范围、条件、程序、待遇等事项，区镇两级对职业经理人及运营团队的薪酬给予最高 15 万元 / 年的财政补助。2022 年，禅城区南庄镇紫南村引入职业经理人运营村庄文旅项目，成功创建 4A 级景区，使得村庄每年游客量超过 150 万人次，营收达300 万元左右，其 2023 年第一季度人流量就相当于职业经理人未引进时一年的人流量。

越是繁重的任务、越是难啃的骨头，佛山越是敢拼、敢做、敢为，不断打出组合拳，为农村发展提供制度支撑。

（三）探索新模式，培育"亿元村居"

2022 年，广东省为补齐城乡区域发展不平衡短板，部署实施"百县千镇万村高质量发展工程"（简称"百千万工程"）。在深入实施"百千万工程"的背景下，佛山逐步探索出许多新模式，持续培育"亿元村居"，让农村成为推动佛山经济社会高质量发展的又一强力引擎。

1. 引入金融活水，佛山"亿元村居"勇闯创投圈

改革开放以来，佛山部分村居"钱袋子"很鼓，然而农村集体经济组织的

"特殊法人""特殊产权"属性,导致其难以作为市场主体直接平等参与市场经营,集体经济的资金难以投入市场经营,这些钱都"睡"在银行里,缺乏活力更缺乏生钱的动能。

当前,如何盘活农村集体资金,实现保值增值成为佛山必须回答的一个问题。

2023年10月,由中科沃土基金管理有限公司发起设立的专户证券投资基金产品——南海农村集体创新共富1号资金托管投资项目("中科沃土价值1号"),在南海区农村集体经济改革现场会上正式启动,首次探索"政府引导、集体主体、国资参与、金融助力、保险保障"五位一体创新投资模式。

"一年以后我们就能拿到基金的收益,收益除了用于村民福利待遇的发放,我们更多会放到村庄的人居环境治理、河涌的整治、市政建设等方面,助力'百千万工程'。"参与项目的相关村居负责人表示。

"亿元村居"资金有去向,集体经济资金增值有保障。未来,佛山将持续引导金融机构创新金融产品和服务,保障活期、定期存款利率,推进更多农村集体经济组织参与社会化多元稳健投资,让沉睡资金醒过来,让金融活水动起来,让集体收入好起来。

2. 探索公司化运营,农村集体经济组织念好致富经

对于佛山而言,如何让缺乏区位优势的村庄实现发展,缩小城乡收入差距,实现城乡区域协调发展,是另一大问题。

让村庄富裕的一个关键答案,在于公司化运营。2021年以来,佛山各地方逐步探索出公司化运营的发展模式,由村集体经济组织注册成立公司,让农村集体经济得以发展壮大。

2021年,高明区更合镇白洞村采取三级联动共建,共同出资设立国有企业控股的有限责任公司,使得原先只有200多亩的茶园,不断扩大到600多亩,

高明茶叶品牌逐渐"出圈",产业链条不断延伸,亿元产业链指日可待。从小打小闹小作坊,到大抓大干大工厂,一杯沁人心脾的"高明红",走出了一条乡村产业振兴的致富路。

无独有偶,位于高明区荷城街道的石洲村,也探索出一条"公司+基地+农户"的发展模式,通过发展花卉产业,土地租金实现倍增,村集体收入连年增长,带动100多名村民在家门口就业。如今的石洲村,游人如织、鸟语花香,其中的旺林千色花海项目获评广东省级休闲农业与乡村旅游示范点,旺林艺术花园的"广东·岭南奥韵生态研学之旅"线路入选全国乡村旅游精品线路。

南海丹灶荷村社区、桂城凤鸣社区、西樵上金瓯社区、狮山招大社区、颜峰社区、里水河村社区等,也成立村集体公司,聚焦公共服务运营、市场物业管理以及乡村文旅项目开发,有力促进集体经济发展壮大和农民增收致富,增强集体经济发展后劲。

一年四季,春耕秋收,在推动农业农村现代化的征程中,佛山代代农民永不停歇、积极探索,不断为农村发展提供佛山智慧,一个个欣欣向荣的岭南乡村,正在改革的牵引下焕发出新的生机与活力……

四、乘数而上：
数据核裂变，再饮"头啖汤"

在实体经济与信息化融合的征途上，佛山的改革突破也是可圈可点。正是凭借敢饮"头啖汤"的勇气，迎难而上，每一次都能牢牢抓住信息化的发展机遇，为佛山的实体经济植入了数字化的神经、编织了网络化的经纬、装备了智能化的引擎，驱动其从庞大的制造业向智能制造蜕变升级，绘制出一幅不同时期制造业涅槃重生的辉煌画卷。

（一）首次裂变：以信息化带动工业化

1994 年 4 月 20 日，我国与全球互联网的"红线"被牵起，标志着我们正式拥抱全球互联网这个大家庭，成为位列第 77 位的成员。当时还是县级城市的南海，紧跟这股潮流，率先感受到了信息化的裂变之力。

当互联网还是新兴事物，发展充满变数与未知之际，南海的决策者们已敏锐地洞察到了它的潜力与未来。他们深知，这不仅仅是一项技术革新，更是一场经济社会的巨变。面对外界的种种疑虑与不确定，南海的决策者们展现出非凡的勇气与决心，他们深知，在未知的水域探险，需要的不仅是勇气，更是对未来的坚定信念。于是，一系列旨在加强信息化建设的举措在南海应运而生。

1996 年，南海市信息化工作委员会成立，宛如一艘领航船自上而下，协调各方，规划未来，为信息化建设铺设了高效的运行机制。

随之而来的一系列支持政策的落地，为南海信息化发展铺平了道路，奠定了坚实的法律与政策基础，从那一刻起，南海正式踏上了信息化的征途。

信息化工作委员会成立了，信息化建设规划也出台了，接下来如何推进却成了一个新的难题：是新建网络，还是沿用旧网络？这一问题一直困扰着南海。最终，为节约投资，杜绝浪费，南海给信息化设定了两个原则：一个是信息化基础设施建设必须是一个系统、一根神经、一个平台，绝不允许各单位各自搭台建网；另一个是必须坚持统一规划、分段实施、统一管理、综合利用电信网的正确建网方向。在"两个原则"的红线下，南海正式启动建设全市计算机信息交换平台基础计划，也就是著名的"三网合一"（电信网、广电网、计算机网）计划，[①] 其主要目的是解决网络不能互联互通的问题。

经过多年的持续建设，南海的"三网合一"项目计划成功实施，充分体现了南海整合优势资源的远见卓识，它不是另建一个网，而是依托公网，在终端的用户接入上通过将电信与有线电视技术的融合，为用户提供宽带多媒体的服务。尽管"三网合一"的计划在铺开工作时面临很大的困难，但它却为南海奠定了坚实的信息设施基础，给南海人民的工作、生活带来根本性的改变。

炎炎夏日，世代在土地上耕耘的南海农民们，不再是在炽热的田野间辛勤劳作，而是安然坐在凉爽的竹席椅上，用粗糙的手指在这现代生活的舞台上熟练地敲打着键盘。这一幕，同样发生在南海西樵民乐村的财务室内。出纳员陈光大，正专心致志地将当天上午的账目录入电脑，而一旁 58 岁经验丰富的会计梁乃海，则在另一台电脑屏幕前，以严谨的态度核查着从网络彼端传来的每一

---

① 《邓耀华和他的信息化之梦》，《中国电信业》2001 年第 1 期。

组数据。[①]

这番景象，是南海地区信息化变革的缩影，见证了时代浪潮下南海人的新面貌。这一切变化，得益于南海信息基础设施的飞速发展，光纤网络如同城市的神经网络，密布每一个角落，计算机设备也已深深渗透进千家万户。

如今的南海，已然是一个"村村通光纤、户户可触网"的信息化新天地。在这新天地里，南海创造了多个全国领先：1996年，在全国县级市中第一个开通因特网接入节点；1997年，成为全国城市信息网络服务系统建设试点市；1998年，跻身全国首批县级电话市；1999年，成为广东省流通领域信息化试点市；2000年，成为国家首批信息化试点城市。

这一系列成就使得信息化成为南海的一张名片，而这张名片更是吸引了江泽民、李鹏、朱镕基等时任党和国家领导人的亲自视察和高度认可，南海信息化建设之路成为中国信息化建设的一面旗帜。[②]

尽管南海最初推动信息化建设的初衷，是聚焦于行政效率、政务服务及社会管理的优化，但体验到信息化红利的南海人并未止步于此，尤其在全球信息化浪潮下，技术进步引领的全球性革命促使各行各业步入深刻转型期。南海敏锐洞察到信息化对于经济结构转型和产业升级的关键作用，毅然决定将信息化的触角延伸至经济产业领域。

早在1995年，南海便确立了"信息化带动工业化"的核心战略，视信息化为推动传统产业涅槃重生、新兴产业蓬勃发展的关键。一方面，南海倾力打造信息产业，主要是加快作为广东省四大软件园之一的南海信息产业基地建设，完善建设该园区的网络、研发评测、培训、信息服务等八大中心全链条功能，为实施信息创业创造良好的外部环境。南海通过建设信息产业基地吸引了中望、

---

① 贾西平：《红土地上信息流》，《人民日报》2001年12月27日。

② 王保平：《南海信息化引来全国关注》，《人民邮电》2001年12月7日。

新太、东大阿尔派等软件企业入驻，在短短一年内全市信息产业的产值猛增到90亿元，[①] 此时，南海信息产业迅速崛起，南海软件产业也迎来了辉煌时期，成为孕育创新与创业的热土。

另一方面，南海利用信息技术升级改造传统行业。纺织业是南海主要传统产业支柱之一，其中南海西樵镇纺织业的产值占该镇工业总产值一半以上。由于该镇纺织业构成主要是以中小型民营企业为主，而且绝大部分企业缺乏技术创新和自主研发能力，为了提升纺织行业的技术创新和整体竞争能力，1998年，南海市政府倡导并成立了全国第一家纺织面料工程技术研究开发中心——西樵轻纺城面料工艺制版公司，运用计算机辅助设计 CAD 技术，引进了国际上先进的素织物、大提花织物等计算机设计系统，为企业提供全方位的纺织原料和面料开发技术服务，有效地缩短了企业的产品开发周期，降低了开发成本。[②]

随着互联网快速发展，电子商务初露锋芒。当全国大部分地区还在谈论电子商务究竟为何物之际，已经尝到了网上交易甜头的南海人早已利用电子商务渠道"发大财"。

大沙头镇北村的谭健标，在"中国金农网"上做了自己的网页，将鱼苗远销泰国等东南亚国家，一年在网上卖出鱼苗1000万尾，成交额达50多万元。而养了十几年虎纹蛙的平洲农民李鸿庶则通过"广东水产信息网"有了自己固定的销售渠道，每天可以卖到600千克左右。[③]

电子商务平台的出现有效地解决了原材料和产品的交易问题，促进了商品交易的全球化。后来南庄镇的"陶瓷网"、盐步镇的"内衣网"、金沙镇的"华南五金交易中心"等网站相继推出，进一步彰显了南海传统产业在信息化助力

① 梁福钊：《全面推进信息化，增创发展新优势：广东省南海市推进国民经济和社会信息化的实践》，《邮电商情》2000年第24期。

② 李鲁云、李晋锋：《南海市以信息化改造提升传统产业的经验做法》，《广东经济》2002年第4期。

③ 车晓蕙、郭莹玉：《南海人的数字化生活》，《瞭望新闻周刊》2001年第15期。

下的革新与活力。

南海的这些传统产业在信息化的赋能下焕发新生，通过技术改造和管理创新，实现了效率与效益的双重飞跃，也让南海的经济总量与财政收入显著增长，成为中国县域经济的领跑者。这一切成就的取得，离不开南海对信息化时代机遇的精准把握和勇敢实践。南海推动信息化发展的故事，也再次证明了在时代发展的洪流中，勇于探索未知，敢饮"头啖汤"，才能握住未来发展的金钥匙，书写现代化发展的辉煌篇章。

（二）二次裂变：工业互联促企业智变

当互联网渐渐走入大数据时代，数据的力量在商业、政府与社会治理等层面逐渐显现。南海因信息化建设起步早、速度快，这里各部门的信息系统如同孤岛，相互隔绝，面临数据隔阂的困扰，多达 157 个独立运行的信息业务系统，仿佛在诉说着这片土地上的数据困境。

然而，针对如何打通部门间数据壁垒、如何筛选海量信息以及如何协调重复数据等难题，南海并未因此而退缩，而是勇于挑战。2014 年，南海区开创性地成立了全国首个县级数据统筹局，意在打通部门间的数据壁垒，将堆积如山的数据转化为有价值的资源。

这一年，成为南海信息化建设的重要转折点，南海深藏的数据从沉寂的仓库中走出，变成了闪闪发光的金子。

南海区数据统筹局成立之初，便开始了对各部门数据的整合之旅。他们如同细心的矿工，筛选、整合、优化着每一块数据矿石，使其发挥出最大的价值。而这背后，一支由 90 个数据源头单位、104 名公职人员组成的数据管理团队，是这支矿工队伍的坚强后盾。

随着时代的发展，南海的数据之路越走越宽，从最初的政务服务数字化转型，到后来的"数字政府"构想，再到如今的工业互联网快速发展，每一步都见证了南海对数据价值的深刻挖掘与应用。而当数据与工业互联网相遇，便如同干柴烈火，瞬间点燃了制造业数字化转型的火焰，企业通过设备与服务的智能化连接，实现了生产流程的数字化、网络化和智能化，这不仅提高了生产效率，更降低了运营成本，让企业在激烈的市场竞争中脱颖而出。

作为国内全屋定制家具产能第一的企业，维尚家具每天需要处理超过 50 万条的数据，而车间产生的工业数据正为维尚创造新的价值。

维尚家具总经理黎干说，作为一家定制家具企业，面对不同的订单需求，维尚家具会对同样需要某一类板木的订单进行合单，所以从接到订单的那一刻起，维尚家具就把所有的订单分解成不同的"数据"，这些订单数据此后会直接跟生产设备对接，一板一码，让数据成为不同制造环节的沟通"语言"。

目前维尚家具在生产制造环节已基本实现了互联互通，依托于这样的数据化生产，维尚家具破解了定制家具难以规模化生产的难题，整个材料的效率提高至 93%。

在南海，像维尚家具这样利用工业数据提高生产效率的企业不胜枚举，工业互联网已成为推动南海乃至整个佛山经济发展的新动力。

与此同时，南海还积极与外部互联网企业合作，引进了一系列工业互联网项目。这些项目的落地，为南海的工业互联网发展注入了新的活力，推动了产业数字化的进程。

在阿里巴巴集团 20 周年年会上，有一家来自佛山南海的公司——瀚蓝环境股份有限公司（以下简称"瀚蓝环境"），其总裁金铎作为阿里巴巴特邀的 10 个客户代表之一亮相并发言。这一次亮相和发言确实不简单，不仅展示了瀚蓝环境与阿里云打造的第一款智能生活垃圾焚烧 AI 项目，更是向全国展示了佛山南海企业开展工业互联网创新之路。

事实上，瀚蓝环境与阿里云的合作只是南海推进工业互联网创新应用的一个缩影。2017年5月，南海区成功获批建设"广东省大数据产业园"；2017年，南海区启动建设全省首个工业互联网创新应用示范区；2018年，南海区率先启动参与全国的工业互联网标识解析体系建设；2019年，南海区进一步印发《佛山市南海区"腾云计划"发展行动纲要（2019—2021年）》，获批建设广东省大数据综合试验区，南海工业互联网产业联盟成立……

在一系列举措的推动下，南海"上云上平台"企业已经超过300家，其中南海的"腾云计划"，更是加快推进南海企业的"上云上平台"发展，推动更多南海企业"云端起舞"，助力制造业升级。

回望过去，南海的数据之路并非一帆风顺。但正是那些勇于挑战、不断创新的精神，让南海在数据的海洋中找到了自己的方向。如今，佛山已成为国家制造业数字化转型的典范，其数据统筹的改革探索之路，不仅促进了工业互联网技术的普及和深化应用，更是推动了区域经济结构的转型升级。

（三）再次裂变：数据要素乘出新动能

在新时代的曙光中，数据被赋予了前所未有的价值与使命，党的十九届四中全会后，数据悄然与传统的土地、劳动力、资本、技术并驾齐驱，成为推动经济社会发展的关键生产要素。在政策引领下，佛山紧握历史机遇，毅然投身于数据要素市场化改革的浪潮，以先行者的姿态，绘就了一幅数据赋能、业态焕新的壮丽画卷。其中，广州数据交易所（佛山）服务基地的设立，如同一座桥头堡，不仅为数据资产的登记与交易搭台唱戏，更汇聚了百余家会员单位，成功推动了118项数据产品的合规化进程，为数据流动铺设了高速公路。

在改革的滋养下，数据要素如同春雨，润泽了产业的每一寸土地。佛山匠心独运，孕育出三大类创新数据产品，为实体经济插上了数字化的翅膀：产业数据产品如陶瓷行业的信用证书，为供应链穿上信任的盔甲；产业与公共数据融合的"企业环保宝"产品，在保险与环保之间架起智慧的桥梁，既守护了绿水青山，又保障了金山银山；产业人工智能大模型，则在玉石、门窗等传统行业中播撒智能的种子，催生出一个个数据交易的新蓝海。

这些创新，如同繁星点缀于智能制造、智慧城市等众多领域，照亮了产业升级的道路。

尤为值得一提的是，佛山在全国首开先河，打造了陶瓷行业的专属数据空间，巩固了佛山陶瓷产业的全球领先地位，更是塑造了数据品牌的新标杆。佛山陶瓷行业数据空间不仅汇聚了丰富的数据产品，促成数千笔交易，同时还帮助两千多家企业降低了巨额成本，实现了经济效益与社会效益的双重飞跃。

顺德区，作为佛山市改革创新的重要前沿阵地，秉持"干了不说、干完再说、少说多干"的精神，同样在数据要素市场化改革的征途上留下了坚实的足迹。从拿下全省首批公共数据资产登记证书，到细化数据要素市场化全过程的十阶段策略上，顺德在互信、确权、定价、安全、监管等关键环节上破冰前行，探索出了一条多方共赢的创新路径。

对于顺德的探索，可以看作广东乃至全国数据要素市场化配置改革的重要实践，对于破除阻碍数据要素自由流通的体制机制障碍、加快培育区域数据要素市场化、加速推动数字经济创新发展具有重要的示范意义。

南海区亦不甘人后。2021年，南海作为广东省公共数据资产凭证唯一县区级试点，以环保税、气象灾害防控等试点场景为突破口，于同年10月，在企业信贷场景中开出了全国首张公共数据资产凭证，其中佛山市和禧金属制品有限公司作为佛山市南海区本地企业，成为第一家"吃螃蟹"的试点企业。

继公共数据资产凭证成功试点后，南海区还开创性地推出了一系列公共数据产品，为企业信贷、环保治理等领域提供了全新的解决方案，让数据要素成为推动企业转型、服务社会民生的新动能。

佛山，这座在数据浪潮中破浪前行的城市，正以制造业数字化转型为契机，不断深化数据要素市场化配置改革，大力发展人工智能产业，推动数据与实体经济深度融合，让无形的数据转化为推动高质量发展的有形力量，书写着数字经济时代的新篇章。

第五章

绿色发展推动生态蝶变

2021 年，佛山市被生态环境部评为国家生态文明建设示范区。这是对佛山这座工业城市绿色转型发展的认可与鼓励。佛山坚持全领域转型、全方位提升、全地域建设、全社会行动开展美丽佛山建设，走出了一条工业大市绿色发展之路。

一、产业由"灰"转"绿"

佛山产业发达，在促进经济发展的同时也给城市蒙上了一层灰。随着人民群众对优美环境需求的日益增长，佛山主动作为，下大力气推动产业转型升级，既有传统产业的绿色化改造，也有环保产业的服务保障，更有低碳产业的培育壮大，在推动佛山产业发展的同时也改善生态环境。

（一）腾笼换鸟：陶瓷产业的"靓丽转身"

佛山陶瓷源远流长，久负盛名。佛山在全国率先基于环保的考量对一个地方的支柱产业开展转型升级。现在的佛山陶瓷，在保持品牌力的同时更加主动地提升绿色发展水平让老产业焕发新活力。

1. "赶走污染，做强陶都"

陶瓷行业是典型的"两高"行业（即高污染和高耗能的产业），带来的污染种类多，包括大气污染、水污染、固体废物污染等。陶瓷产业繁荣兴旺的同时，也给佛山带来较大的环保压力。

2007年，佛山市委、市政府明确了"赶走污染，做强陶都"的目标，出台专门规划和政策措施，通过"扶持壮大一批，改造提升一批，转移淘汰一批"，

南庄镇绿岛湖片区

不断推进陶瓷产业的转型升级。通过加大陶瓷区域品牌建设力度、大力发展陶瓷总部经济，企业数量下降了、产业升级了，产量下降了、产值上升了，能耗减少了、环境改善了。2016 年，佛山 400 多家陶瓷企业减至 62 家，陶瓷产量减四成，但能耗下降 1/4，二氧化硫减排少六成，产值和税收均增长 1/3。[①] 与此同时，佛山陶瓷的影响力也持续增强，"佛山陶瓷"集体商标于 2020 年正式获得国家知识产权局批准。

---

①　刘泰山：《佛山 污染大市迈向生态新城》，《人民日报》2016 年 8 月 14 日。

2020 年底，佛山完成陶瓷生产线煤改气工作，进一步提升了陶瓷产业环保水平。经过持续的努力，佛山的大气环境质量在 2020 年 5 月首次进入全国重点城市前 20，并持续保持较好水平。可以说，当年推进陶瓷产业转型升级的目标已经完全实现。

南庄镇是佛山陶瓷产业转型升级的一个缩影。在经历了企业关停搬迁，工业产值和税收损失等一系列阵痛后，曾经的建陶名镇通过"腾笼换鸟"迎来了凤凰涅槃。过去的污染重灾区，如今是重见碧水蓝天。绿岛湖一带更是成了"城市绿肺、生态新城"。南庄镇在"2023 镇域经济 500 强"榜单中排第 83 名，同时也是广东"百千万工程"首批 110 个典型镇。

2. 揭开蒙娜丽莎的"绿"色面纱

蒙娜丽莎陶瓷是在市场经济改革进程中诞生的一家佛山陶瓷企业。1998 年，位于西樵的樵东高级墙地砖厂率先实行改制，后来这家企业有了一个更为响亮的名字——蒙娜丽莎。现在，它已经成为陶瓷行业的头部企业。

在蒙娜丽莎位于南海区西樵镇的特种高性能陶瓷板材生产线，厂房内闻不到刺鼻的气味，空气中见不着飘扬的粉尘，这得益于对绿色环保理念的不断坚持。经过多年发展，蒙娜丽莎先后荣获国家"资源节约型、环境友好型"试点创建企业、工信部首批"绿色工厂"。自 2005 年起，蒙娜丽莎就没有把更多钱用在增加生产线、增加产能规模上，而是投入环境保护当中。[①]早在 2009 年，蒙娜丽莎就投入了 3600 万元对公司所有烟（尘）气进行集中处理，排放口从原来的 21 个整改为 3 个，大大改善了原来众多烟囱排烟的状况，并在佛山市南海区众多陶瓷企业中率先安装大气污染源排放在线监控设备。正是在环保上的持续投入和坚持，为蒙娜丽莎上市扫清障碍，成为陶瓷行业"凤毛麟角"的上市企业。

---

① 《蒙娜丽莎：走绿色引领、创新发展之路》，《中华环境》2019 年第 1 期。

蒙娜丽莎清洁工厂

　　正如在厂区烟气治理设施上一句醒目标语所形容的："环保治理，没有句号，只有逗号！"蒙娜丽莎持续投入，增强自身的环保表现。2021年，在完成煤改气后，蒙娜丽莎成为国内首个氢能叉车应用整体解决方案的代表企业，启动氢动力系统在物料搬运领域的应用。2023年，蒙娜丽莎集团又启动量产线先进氨氢零碳燃烧技术示范项目。2024年9月26日，全球首条陶瓷工业氨氢零碳燃烧技术示范量产线在佛山正式投产。[①]据测算，氨氢零碳燃烧项目实施

　　① 李嘉雯、倪玉洁：《高温工业零碳排放推动产业绿色转型》，《佛山日报》2024年9月27日。

后，若将量产技术应用到佛山 160 条陶瓷板（砖）生产线，将直接减少碳排放约 66 万吨。

3. 双碳时代佛山陶瓷产业的绿色发展

碳排放的最主要来源是能源利用，而陶瓷企业又是能源消耗大户。在双碳时代，佛山陶瓷企业积极拥抱能源革命。陶瓷企业闲置屋顶面积大，而广东光照资源又十分丰富，"光伏 + 陶瓷"模式能有效提高陶瓷企业绿色电力利用率，降低用电成本，以清洁能源助力节能减排。佛山市三水冠珠陶瓷就利用超过 20 万平方米的厂房屋顶建设装机容量为 22.4 兆瓦的分布式光伏发电项目，项目采用"自发自用，余电上网"的方式接入电网，项目投资超过一亿元，设计年发电量 2195 万千瓦·时。

开展碳排放权交易是减少碳排放的有效手段。2023 年底，广东全省碳排放配额累计成交量 2.24 亿吨，累计成交金额 63.68 亿元，均居全国区域碳市场首位。2024 年，广东省正式将年度二氧化碳排放量达到 1 万吨的陶瓷企业纳入碳排放管控范畴，此举措标志着我国针对陶瓷行业的碳排放管控已迈入精细化阶段。为了迎接碳市场，减少碳排放，2024 年佛山市禅城区陶瓷行业协会结合行业实际，联系多个部门和机构成立佛山市陶瓷行业双碳服务中心，致力提供一站式的碳中和解决方案，推动陶瓷企业实现绿色变革。

（二）瀚蓝模式：以实力和透明破除垃圾处理"邻避效应"

南海大学城旁边有一座固废处理环保产业园。曾经，大学城里的师生都对产业园怨声载道，现在，产业园已与周边社区和谐相处，甚至合作发展。这背后的秘诀就是固废处理的瀚蓝模式。

1. 一座颇有科技感和艺术感的产业园

南海固废处理环保产业园位于佛山市国家级高新技术产业开发区的中心位置，占地 460 亩，周围有五所高校、十几个村庄、几十个住宅小区、上百家高新技术企业，每日处理佛山市南海区 1000 多平方千米的 4500 吨生活垃圾，由瀚蓝环境投资、建设、运营。

还未走进产业园，远远就能看到一个科幻气息十足的大型建筑，"双子塔"高高矗立。那是产业园中垃圾焚烧发电厂的烟囱，各高 128 米，造型时尚。建筑外观采用象征资源循环寓意的碳元素晶体结构的理念，开创了行业工业外观设计的先河。

走在产业园之中，让人有种置身于现代艺术馆的感觉。在"双子塔"一侧，生活垃圾焚烧发电二厂外形犹如一栋充满设计感的办公楼。园区内建有生机盎然的生态园、科技感的环保展厅、外形如钻石般熠熠生辉的独特建筑物以及数个环保处理设施厂房。整个园区绿树浓荫、花草掩映、干净整洁、规划有序，迥异于一般工厂，更像是一个公园。园区的许多地方都经过精心布置，比如还建有一个能玩"垃圾分类大富翁游戏"的小广场。园区里还有一个"瀚蓝小镇"，专司科普职能，有 3000 平方米。在这里，产业与生态自然融合，成为城市的一道亮丽的风景线，是佛山市经典工业旅游景点，也是广东省环保教育基地。

走进发电二厂内部，近 2 万吨垃圾堆成一座"小山"，和垃圾库之间虽然只隔着一层玻璃，却闻不到一丝臭味，不会给人带来感官上的厌恶感。这个"臭味"其实也是宝，抽风机将臭气抽到焚烧炉中，可以作为助燃剂，一举两得。

整个园区让人倍感舒适，从外到里都让人完全想象不到这是一个垃圾焚烧厂。自 2007 年起，产业园对公众免费开放，每年接待各地学生、市民以及政府

南海固废处理环保产业园

代表等超过 1 万人。[①] 与园区一墙之隔的广东省轻工业职业技术学院，当年曾对身边这个垃圾焚烧发电厂的邻居疑虑重重，并求助外部力量要求其搬迁。这样的声音现在已经完全没有了。

2. 以过硬的本领实现"邻亲"

作为广东四小虎之一的南海很早就意识到垃圾填埋处理的不可持续。2002年，南海区建成了全国第三座垃圾焚烧发电厂，规模为 400 吨／日，是全国最早一批从填埋处理转型焚烧处理模式的县区。

当时我国的垃圾发电行业刚刚起步，建设标准和环保标准都不高，设备全露天布置，南海环保发电厂运行情况一直不太理想。随着南海软件科技园以及周边几所高校的建立，垃圾焚烧发电厂与周边社区的矛盾日益凸显。2005年，瀚蓝环境收购了南海环保发电厂，随即进行了环保方面的改造，但主设备无法更换，运行稳定性较差。垃圾焚烧发电厂与周边社区的关系依然紧张，邻避现象十分突出。

瀚蓝环境在建设垃圾焚烧发电二厂时一开始就以高标准为要求。针对普通民众比较关注的焚烧中产生的有毒物质二噁英的处理，瀚蓝环境也找到了自己的一套技术方法，通过控制温度、时间，混合充分均匀，再加上过量空气系数让二噁英基本分解掉。经检测，二噁英的排放为 0.016ng TEQ/Nm³，而国家规定的排放值为 0.1ng TEQ/Nm³。对于公众关注的恶臭问题，瀚蓝环境就对查找到的 400 个跟臭味有关的影响因素逐个攻克，强化密闭和超高负压的方式，让焚烧垃圾形成的臭气在完全密闭的炉中燃烧净尽，所有工序的臭气都消化在设备之内。自己研发防止臭味散发的密封圈，不再进口就能在南海本地生产，成本也从 1000 元降到 10 元。

---

① 谭海琪：《佛山 2 家单位入选全国科普教育基地》，《佛山日报》2022 年 4 月 8 日。

除了过硬的技术，企业还及时公开信息并与社区邻里进行沟通。瀚蓝环境是国内最早落实"装、树、联"工作的垃圾焚烧发电企业，让自动监控数据准确、及时地公开。与此同时，企业还向周围居民和高校师生发放环境治理监督员证书，持证人可以 24 小时进园监督，打造了开放、多元的环境服务业社会监督体系。公司还成立专门机构听取群众关于环保产业园的意见和建议，尽快准确给予答复，并及时将意见和建议提交到有关部门，制定解决方案。从充满恶臭、噪声、黑烟、污水的垃圾焚烧厂，到如今的环境整洁、随时接受监督的"透明"厂区，高标准的技术要求和负责任地化解"邻避"的态度，使得周边群众对垃圾焚烧厂的印象慢慢改观，并逐步建立信任。①

2016 年，瀚蓝环境分别与一墙之隔的广东省轻工业职业技术学院以及附近的佛山科学技术学院签署战略合作协议，共建产业学院，打造产学结合的教学体系，重点推动固废处理相关专业的学历教育与职业培训，培养环保人才。紧张的邻里关系变得亲近和互利。

3. 国内首个真正实现 100% 协同化处理的固废循环经济产业园

固体废物是个相对的概念，一个环节的垃圾可能成为另一个环节的资源。南海固废处理环保产业园，除了垃圾焚烧发电项目，还陆续建设了南海区城乡一体化生活垃圾转运工程及集中控制系统项目、污泥处理项目、餐厨垃圾处理项目、飞灰处理项目、垃圾渗滤液处理系统，形成了由源头到终端完整的生活固体废物处理产业链，实现了南海全区生活垃圾 100% 无害化处理。

园区的每个项目都不是孤立的。生活垃圾焚烧发电厂是产业园能源中心和垃圾处置中心：垃圾焚烧蒸气余热可供污泥干化和餐厨垃圾提油使用；餐厨垃

① 杨萌:《从"邻避""邻亲"到"邻利"：探访佛山市南海固废处理环保产业园》,《环境教育》2017 年第 9 期。

圾经过发酵产生的沼气可以发电，沼渣则导入垃圾焚烧炉继续发电；从废弃油脂中提炼生物柴油供园区垃圾转运车辆使用；处理过程中产生的污水处理干净以后，既可以作为工业冷却水循环再利用，还可以养金鱼和灌溉植物；污泥厂和餐厨厂产生的臭气通过负压系统抽入生活垃圾焚烧发电厂焚烧炉内焚烧，既彻底解决臭气问题又有助燃烧；餐厨处理后形成的沼渣、干化后的污泥可与生活垃圾掺烧。

南海固废处理环保产业园的合理设计、整体规划，避免了垃圾处置环节的孤岛模式，实现了各类固体废弃物的集约化处理与资源综合利用，节约了宝贵的土地资源，同时各个环节的协同发展，有效地降低了各项成本。其成功案例已经在异地完整复制并优化应用。2017 年，南海固废处理环保产业园获住建部推荐光荣入选"砥砺奋进的五年"大型成就展。

之后产业园还不断有新动作。先后建设了用于危废处理的佛山绿色工业服务中心，以及生活垃圾焚烧发电三厂。2022 年建成铝灰处置项目。在铝灰渣处置过程中每年产生的氨水超过 1 万吨，都被用于园区内生活垃圾焚烧发电项目的烟气脱硝，全年可减少焚烧项目的脱硝原料约 5000 吨；项目每年产生高铝料 3 万多吨，可以直接外售陶瓷材料厂、制砖厂等，替代铝土矿用于生产陶瓷、建材等产品，实现铝灰资源化利用率达到 90% 以上。[①]2023 年，全国首个大规模沼气制氢加氢一体化项目——瀚蓝可再生能源（沼气）制氢项目日前在产业园正式投产。项目预计年产约 2200 吨氢气，将有效缓解佛山的氢源供应，有利于逐步降低用氢成本。

瀚蓝环境现在已为广东、福建、湖北、湖南、河南等 16 个省份的 35 个城市提供优质固废处理服务。与此同时，瀚蓝环境还开启国际化之路。2023 年，

---

① 《瀚蓝环境：年处置铝灰渣 3 万吨，破解"无废城市"建设难点》，《中国环境监察》2022 年第 9 期。

瀚蓝环境实现了海外固废处理业务的突破，首个项目落在泰国首都曼谷，服务"一带一路"地区绿色发展。[①] 佛山固体废物总量大，但并没有出现垃圾围城的现象，这得益于佛山产生了以"瀚蓝模式"为代表的固废处理方式。这也是佛山开展"无废城市"建设的基础和底气所在。

（三）"氢"装上阵：奋力建设中国氢能产业之都

2020 年 9 月 22 日，第七十五届联合国大会一般性辩论期间，习近平主席郑重宣布："中国将提高国家自主贡献力度，采取更加有力的政策和措施，二氧化碳排放力争于 2030 年前达到峰值，努力争取 2060 年前实现碳中和。"进入双碳时代，国家高度重视氢能产业发展。而对于氢能产业，佛山早有谋划并积极发展。2023 年，南海区被中国机械工业联合会授予"中国氢能产业之都"称号。

1. 敢饮氢能发展"头啖汤"

人类对氢能应用自 200 年前就产生了兴趣，氢内燃机比我们熟知的传统内燃机要更早诞生。到 20 世纪 70 年代，世界上许多国家和地区已广泛开展了氢能研究。但受限于成本以及技术，氢能利用十分有限。氢气主要是作为一种工业原料在使用。在应对气候变化、减少碳排放的背景下氢能（氢气）开始受到格外关注。

佛山与氢能结缘与其深厚的制造业底蕴有关。2008 年举办的北京奥运会提出突出绿色奥运。奥运会期间，20 辆上汽燃料电池轿车完成示范运行。上汽集

---

① 丁蓉：《解码"瀚蓝模式"：瀚蓝环境深耕资源化利用助力"无废城市"建设》，《证券日报》2023 年 12 月 12 日。

团在全国寻找替代国外氢燃料电池核心配件的生产企业时，生产无油空气压缩机的龙头企业佛山市广顺电器有限公司成为其合作伙伴。2009 年，广东广顺新能源动力科技有限公司进驻南海，探索燃料电池车核心零部件研制，为佛山氢能产业播下种子。自此，佛山成为国内较早探索发展氢能产业的城市之一。

2011 国际燃料电池及氢能技术发展峰会和 2013 燃料电池及氢能技术应用及产业发展国际峰会两届氢能产业峰会在南海的举办推动了氢能产业观念在佛山的传播。2014 年底，佛山加入科技部／联合国开发计划署"促进中国氢燃料电池汽车商业化发展项目"。通过项目带动实践创新，佛山开创了氢能领域多个"全国第一"。

2015 年，佛山与清华大学联合举办中国第一个氢能产业专题培训班，通过与国内外专家的深入研讨，明确了佛山氢能发展路径，在政府系统完成氢能启蒙教育。2015 年，南海率先明确加氢站的主管部门为住建部门，为佛山乃至全国的加氢站从规划设计到建设验收建立了规范。2016 年，全国首条正式商业化载客运营的氢能源公交示范线在佛山、云浮两地运行。此后的 2017 年和 2018 年，全国第一座商业运营的加氢站、全国首批高密度商业化标准化加氢站在南海相继投运，大大完善了氢能在南海大规模商用的配套。南海区也推出全国首个加氢站建设运营及氢能源车辆扶持政策。2018 年，佛山首次制定市级层面的氢能专项规划——《佛山市氢能源产业发展规划（2018—2030 年）》，在空间布局、氢源保障、示范推广等方面进行系统谋划。

有了规划指引，氢能产业在佛山的发展开始加速。佛山累计投入使用 1400 余辆氢能源公交车，佛山也因此成为国内首个大规模使用氢能源公交车的城市；2019 年，世界首条商业运营的氢能有轨电车、全国首条氢能源有轨电车在佛山高明正式开通；2020 年 12 月，全国首个综合能源制氢加气一体化站在佛山开工；2021 年，全国首座"氢能进万家"智慧能源示范社区项目投运。

正是有了这些开创性的示范应用背后的产业支撑，佛山才能被国家部委明

佛山氢能源公交车 139 号线驶入公交站

确牵头组建燃料电池汽车示范应用广东城市群。2022 年，南海氢能产业集群入选了工信部的特色产业集群，成为广东首批五个之一、佛山唯一的中小企业特色产业集群。

2."五金"小镇的"氢"装出发

南海区丹灶镇，因晋代道教大师葛洪在此炼丹留下炉灶而得名。丹灶镇是清末维新运动领袖康有为的故乡，全国两成的五金产品也都出自这里，被称为"中国日用五金之都"。这里现在还是南海氢能产业发展的核心区，有"世界氢能看中国，中国氢能看佛山，佛山氢能看南海，南海氢能看丹灶"的说法。佛山氢能产业就在这里"炼"出品质之"丹"。

早晨和煦的阳光从干净的窗户照进，驾驶氢能汽车上班，路过加氢站 5 分钟完成加注，没有汽油味，也没有充电的等待时间。周末一家人坐氢能公交去

仙湖实验室大楼

景区旅游，骑着氢能助力单车绕仙湖欣赏美景。结束一天后回到家，经氢燃料电池发电，不间断的电力、冷气和生活热水触手可及，洗个热水澡，安然入梦。这一切，在丹灶正一步一步地成为现实。

一个五金小镇，为何有这么多氢能应用？丹灶一边引进氢能产业链上的企业，一边打造科研基地，吸引全国的氢能人才和科研院所落户丹灶。为了突破氢能产业基础研究，佛山市于 2019 年引入了仙湖实验室，落户丹灶仙湖氢谷。仙湖实验室由佛山市政府、武汉理工大学、佛山市南海区政府合作共建，是全国第一个以研究氢能为主的省重点实验室。[①] 丹灶紧扣制造业发展的大趋势，通过关键零部件切入新能源产业，在规划和扶持政策的支持下，做技术研究、商业示范，大力引导和推动整个氢能产业的发展。

3. 为新质生产力发展注入"氢"动能

"绿色发展是高质量发展的底色，新质生产力本身就是绿色生产力。"[②]习近平总书记关于新质生产力的一系列重要论述为进一步发展氢能产业指明了方向。南海区获评"中国氢能产业之都"，既是荣誉，更是责任。在已有基础上，佛山乘势而上，开展了一系列工作，推进氢能新质生产力发展。

2023 年 6 月，仙湖实验室启动氢能及氨氢融合新能源技术重点实验室建设，计划在 3 年建设期内，打造成全球高端人才集聚地、核心技术及关键材料发源地和国内一流、国际高端的国家战略科技创新平台。总投资近 11 亿元的佛山仙湖实验室二期基础设施建设工程项目也在 2024 年 5 月正式开工。

2023 年 9 月，《佛山市碳达峰实施方案》出台。方案把"重点发展氢能产业"放在突出位置，持续推动南海区"仙湖氢谷"、一汽解放南方新能源汽车基

---

① 潘慧、王志方：《佛山仙湖实验室：打通科技成果转化"最后一公里"推动广东省氢能产业高质量发展》，《广东科技》2020 年第 12 期。
② 《加快发展新质生产力 扎实推进高质量发展》，《人民日报》2024 年 2 月 2 日。

地等园区载体建设。佛山将氨氢融合产业列为佛山制造业动能转换的重点之一。2024 年 2 月，南海区发布《佛山市南海区打造氢能和氨氢融合装备制造千亿产业集群实施方案（2024—2030 年）》。方案提出，到 2030 年，南海区氢能和氨氢融合装备制造产业将打造成为总产值超 1000 亿元、规上企业超 100 家的千亿产业集群。在未来发展道路上，南海区将依托"三图一册"（产业链全景图、全国氢能和氨氢产业地图、南海氢能和氨氢产业地图，招商手册），精准制定招商政策，壮大氢能产业集群。①2024 年 6 月 26 日，广湛氢能高速示范项目在佛山启动，项目将积极探索燃料电池汽车规模化商业化应用模式。随着我国双碳议程的持续推进，氢能将越来越广泛地走进我们的生产、生活。

---

① 倪玉洁：《瞄准氢能和氨氢融合向千亿产业集群进发》，《佛山日报》2024 年 2 月 29 日。

二、装扮现代岭南水乡

佛山是岭南水乡的代表地。在漫长的历史中，佛山先民摸索出了人水和谐相处之道。在经历了现代产业活动对水环境、水生态的破坏之后，佛山返璞归真，践行绿水青山就是金山银山的理念，努力建设包含广大城镇的现代岭南水乡。

（一）桑基鱼塘：践行人水和谐之道

桑基鱼塘，这是佛山地区最具特色的农业生产模式之一，也是珠江三角洲地区的一大特色。让我们一起走进这千年的农业文化，见证沧海桑田的故事。

1. 古代智慧造就的传奇

在古代，每当洪水来临，农民辛苦种下的庄稼经常被冲毁。为了防洪，无论是建房子还是建果园，家家户户都要挖鱼塘以蓄水。明朝起，每年冬至前后，农民家家户户都把自家的鱼塘抽干，将塘底的淤泥挖出来堆在鱼塘旁筑基。次年春天，农民在塘基上种下桑用来养蚕，蚕粪便用来喂养鱼，桑、蚕、鱼、泥环环相扣，彼此间形成相互依存的生态循环链。通过这样的循环利用，取得了"两利俱全，十倍禾稼"的经济效益。这就是"桑基鱼塘"的耕作模式。

西樵山下的**桑基鱼塘**

　　桑基鱼塘的基面和水面的"水基比"，大致为三七至四六开，既能取得更大的经济效益，又维持了水陆物质和能量转化的平衡。鲜鱼才是终极产品，供人们食用。桑基鱼塘养的鱼非常讲究，以青鱼、草鱼、鲢鱼、鳙鱼四大家鱼为主，混合饲养能提高饵料的利用率，增加鱼的产量。

　　清朝时期，广州成为全国生丝唯一对外输出港口，国际生丝需求促进了蚕桑业的发展。桑基鱼塘便迅速传到珠江三角洲中部、南部的番禺、中山、新会等地。这种古人的农作智慧，促进了种桑、养蚕及养鱼业的发展，提高了农业生产的经济效益，带动了缫丝、丝织等加工工业的兴旺。如今，佛山地区被誉为"南国丝都"，生活在珠江三角洲的农民也借机先富起来。

2. 生态文明的典范

　　桑基鱼塘不仅是一种生态循环农业模式，提高了农业生产的经济效益，更是佛山农业文化的命脉，成为佛山农业文化的代表。

这种生态循环的力量不仅体现在经济层面，更是一种哲学精神。这里的人从中领悟到，人类与自然之间并非对立，而是相互依存、相互促进的关系。桑基鱼塘成为一个生态系统的缩影，让人们重新审视人类与自然的关系。

桑基鱼塘不仅是一种农业模式，更是智慧的传承。祖辈们将这一理念代代相传，让这片土地见证了千年的农耕智慧。如今，当我们走进这片鱼塘，不仅看到了农民的勤劳，更感受到了他们对土地的敬畏和对生态的关爱。

阿杰是这片土地的守护者。他家的鱼塘位于佛山顺德的一片宽阔田野中，四周是翠绿的桑树，树下是蚕茧密布的蚕室。阿杰的祖辈们早已将这里打造成一个生态循环的农业模式——桑基鱼塘。

阿杰的鱼塘里养着青鱼、草鱼、鲢鱼和鳙鱼。每年夏秋之交，鱼塘里的鱼儿肥美，给阿杰家的餐桌添上了佳肴。这片桑基鱼塘不仅带来了阿杰一家的经济收益，还成为佛山农业文化的代表。人们在这里感受到了自然与人类的和谐共生，体会到了生态循环的力量。

阿杰常坐在鱼塘边，看着鱼儿在水中嬉戏，桑叶在微风中摇曳。他想，这片土地见证了他的劳动和智慧，也见证了祖辈们的坚持和付出。而这一切，都源于那千年前的智慧——桑基鱼塘。他知道，桑基鱼塘不仅是一种农业模式，更是一种生态循环的哲学。他将继续守护着这片土地，让这个古老的智慧传承下去。

阿杰坚守着对祖先的尊重，也肩负着对未来的责任。他知道，只有保护好这片土地，才能让后代继续享受丰收和和谐的生活。他的坚守，成为桑基鱼塘传承的一部分。

这就是佛山的故事，一个关于桑、蚕、鱼、泥的故事，一个关于人与自然和谐共生的故事。而这里的人们将继续守护着这片土地，让这个古老的农业模式传承下去。当我们踏入佛山的桑基鱼塘，仿佛穿越了千年的时光，置身于一个古老而神秘的世界。这里的每一片土地都沉淀着农民的智慧和勤劳，每一滴水都承载着生命的轮回。让我们一同走进这片千年的土地，感受智慧的力量，践行人水和谐之道。

（二）全域治水：打赢碧水保卫战

佛山，一座拥有千年故事的城市，位于由西、北、东三江冲积而成的珠江三角洲腹地，水网纵横，土地肥沃。千百年来，佛山人民依靠发达的水系从治水到兴水，创造了闻名世界的桑基鱼塘耕作模式，酿造了享誉全国的豉香型白酒。佛山的陶瓷、铁锅、丝绸、成药等货物依靠水路运往全国，更通过海上丝绸之路远销世界各地。佛山因水而生，形成了独具特色的水文化。水是佛山生生不息的根脉和宝贵的财富，为传承岭南广府文脉积淀了深厚的基础。

然而，改革开放后，随着经济的迅速发展，环境污染特别是水污染日益加剧。水环境的恶化不仅影响佛山千年水基因的沉淀，还对城市品质、老百姓幸福生活以及新时代佛山发展的质量与底色产生深远的影响。党的二十大报告强调了建设美丽中国，要切实打赢污染防治攻坚战。善治国者必重治水，佛山积极践行习近平生态文明思想，牢牢把握习近平总书记指出的"要从改变自然、征服自然转向调整人的行为、纠正人的错误行为"这一总纲。佛山明确将以水兴城战略作为核心发展策略，并严格遵循"全流域综合治理、强化统筹协调推进、大规模团队协作作战、分阶段层次化实施"这四大治水原则，以确保水资源的合理开发和城市的可持续发展。明确以满足人民群众对美好生活的向往为出发点，着力解决水污染问题，坚持全市一盘棋，探索佛山特色的水环境治理之路。

1. 连接江海的佛山水网

佛山市位于珠江三角洲中部，河网纵横，西江、北江等水道交汇于此。主要河流及其分支包括西江、北江、顺德水道、潭洲水道、陈村水道、佛山水道、容桂水道、高明河、芦苞涌、西南涌等，总长度达 774.72 千米。西江主流在佛山区域的长度为 69.1 千米，有 11 条支流河道。北江主流在佛山市区域的长度为 100.2 千米，有 13 条主要支流河道。佛山的便捷水网河道为其发展外向型经济创造了有利条件。当前，佛山市已全面构建了一个以西江下游水道、北江干流、陈村水道、东平水道、顺德水道、容桂水道为主要脉络的"三纵三横"千吨级及以上航道网络架构。这些航道直达江海、连通港澳。西江干线、东平水道、顺德水道实现了上下游直达运输，而北江航运干线已然成为连接佛山与粤北地区的重要交通纽带，极大地促进了双方的互联互通。同时，西伶通道也为佛山至广州南沙之间提供了高效便捷的内河出海航道，极大地便利了内河航运的出海通道。

2. 守护碧水的佛山智慧

佛山采取全流域治理、强统筹推进、大兵团作战、分层次实施、对症下药等策略，确保水环境质量持续改善。全流域治理坚持流域治理与一河一策相结合。佛山已对全市进行了精心划分，确立了以西江、北江两大水系为核心，辐射九大流域的治理格局。在此基础上，佛山以流域水系为单元，全面统筹治水、治城、治产的综合任务，致力于科学规划与系统推进上下游、左右岸、干支流及水域与岸线的综合治理。这一战略举措旨在开启治水工作新篇章，确保水环境质量持续、稳定的提升与改善。

在强化统筹协调推进方面，佛山全面治理水环境，采取了强有力的统筹措施，确保治水工作全面推进。市级层面，实施统一的规划与标准制定，构建与佛山实际情况相契合的污水处理与排水管理规划体系，确立科学、系统的建设、管理技术规程与标准体系。区级层面，统筹资金的调配与项目的建设，通过多元化渠道筹措资金，并加大投入，以确保项目能够按照既定计划顺利推进。镇街层面，承担征地拆迁和群众保障的职责，深入开展教育、引导与群众动员工作，同时加大巡查与检查力度，以保障项目的顺利实施。企业层面，负责项目的施工与运维工作，切实履行安全生产主体责任，按照工程进度推进施工，确保工程质量达到标准，并强化设施的运维管理，以充分发挥其治污效能。

在大规模团队协作作战方面，佛山市采取了集中力量的攻坚策略，确保全市上下形成高度统一的认识，共同凝心聚力，协调一致地进行作战。这种协同作战的模式，汇聚了各方力量和资源，精准地聚焦于关键流域、重要区域以及核心任务，从而有效地实现全流域治理的集中会战。这一大兵团作战策略有助于改变"九龙治水"的现状，提高治水效率。

在分层次实施方面，佛山在治水项目的规划与执行上采取了科学严谨的策略，优先选择并加速推进那些对水质改善具有显著成效的项目。在治理顺序上，佛山进行了创新性的调整，由原先依序治理大江、河道、干涌、支涌，转变为优先处理支涌、干涌、河道、大江，旨在显著提升干涌和支涌的水质状况。同时，佛山还遵循从东向西、从南向北的治理路径，着重针对经济繁荣、产业集聚、人口密集、水网密布的东部和东南部地区，加大了对污水管网和入河排污口等关键设施的整治力度，以确保水质的全面提升。

在对症下药方面，佛山市针对不同治水领域制订了"八大行动"计划，采取精准措施解决各种问题。这些行动包括：提升生活污水处理效率，改善城市污水处理设施，确保生活污水得到有效处理；减少工业和船舶废水排放，采用技术手段降低污染物排放；防治农业污染源，推广科学耕作和合理施肥等措施，减少农业污染；全面消除黑臭水体，清理和整治城市黑臭水体，改善水质，提高环境质量；清理整治入河排污口，防止污水直接排入河流；清淤治违，确保河道和渠道水流畅通；通过水资源管理改善城市环境，提高居民生活质量。

（三）以水兴城：靠水吃水，念好"水经"

在佛山的历史长河中，水不仅是生命之源，也是城市繁荣发展的重要动力。丰富的水资源、发达的水系和充沛的降水，为佛山的经济社会发展提供了坚实的基础条件。佛山依靠这些水资源，充分发挥其综合效益。在治理水环境的同

佛山新城

时，大力发展水经济，实现了经济效益与生态效益的双赢。佛山将不断坚持以水兴城，靠水吃水，念好"水经"，为实现可持续发展和城市繁荣而不断努力。

1. 水与城市共荣的新篇章

佛山正在迈入一个新的发展时代，积极践行"绿水青山就是金山银山"的理念，城市坚持山水林田湖草系统治理，统筹水环境治理、水资源利用和水生

态保护，合理规划城市布局，推进万里碧道、滨水公园和滨河景观带的建设，致力于构建人水和谐共生的水空间。例如，佛山新城位于东平水道旁，广东金融高新区坐落在千灯湖边，北滘新城紧邻潭洲水道，而西江新城则位于西江边，这些地方都展示了水与城市共荣的模式。

千灯湖板块建设是佛山水空间构建的典型案例。作为广东金融高新区的核心，千灯湖板块不仅展示了佛山现代化城市发展的成果，更体现了人与自然和谐共生的理念。千灯湖周边区域通过精心规划和科学设计，将自然景观与城市功能有机融合，形成了一片既美观又实用的城市绿地。千灯湖不仅是一个生态公园，更是城市居民休闲、娱乐、文化活动的重要场所。湖边的绿道系统为市民提供了休闲散步、骑行和健身的空间，湖面的水上设施则为居民和游客提供了丰富的水上娱乐项目。通过生态修复和景观提升，千灯湖不仅改善了周边的生态环境，还提升了区域的环境品质和宜居指数。此外，千灯湖板块还注重水质的保护和水资源的循环利用，通过建设雨水花园、生态湿地和人工湿地，充分利用自然力量净化水体，增强了区域的生态功能。在这个过程中，佛山积极引进先进的环保技术和管理理念，确保千灯湖区域的可持续发展。千灯湖板块的成功建设，不仅提升了佛山的城市形象和市民的生活质量，也为其他地区的水空间构建提供了宝贵的经验和借鉴。千灯湖板块的模式证明，只有坚持生态优先、绿色发展的理念，才能真正实现经济效益、社会效益和生态效益的共赢。

2. 水文化的传承与繁荣

自古以来，佛山因水而生、因水而兴，向水而为，形成了独特的水文化，留下了许多水文化物质遗产和精神遗产。例如：龙舟传统文化走向世界，基塘农业文化罕见于世，桑园围水利设施享誉国际，甘竹滩红色文化代代相传。在佛山的文学作品和传统艺术中，水常被视为灵感的源泉。诗人在江边吟唱，画家在河畔作画，这些都是水文化的生动体现。佛山还充分发挥水文化的作用，举办各种水上活动和文化节庆，弘扬传统水文化，增强市民的环保意识和社会责任感。这些活动不仅丰富了市民的文化生活，也提升了佛山的城市形象，吸引了大量游客前来参观游览，带动了当地经济的增长。

3. 水利建设的千年奇迹

佛山的水利建设历经千年，从古代的灌溉用水渠道到近现代的大规模工程，一直是这座城市发展的关键因素。让我们深入探讨佛山水利建设的奇迹。在古代，佛山地区的农民就开始利用河流、湖泊和水塘进行灌溉，其为农业生产提供了充足的水源。这些古老的灌溉系统不仅滋润了农田，也促进了农业的繁荣。20世纪初，佛山开始进行水利工程的规划和建设。这些工程包括修建水库、水闸、水渠等基础设施，旨在有效地调节水资源的分配和利用。水库的建设不仅解决了灌溉问题，还为城市供水提供了可靠的水源。水闸的设置有助于防洪和水位控制，保护了城市和农田免受洪水侵害。水渠的修建使得水资源能够更加高效地流动，满足了不同地区的用水需求。佛山的水利建设不仅改善了农田灌溉和城市供水，还促进了工业和商业的发展。水资源的充足和合理利用为各行各业提供了支持。水利工程的成功也提高了佛山的整体生活质量，吸引了更多人口迁入，推动了城市的繁荣。总之，佛山的水利建设奇迹是多代人共同努力的结果，为这座城市的可持续发展打下了坚实的基础。

4. 历史与现代交融的水上黄金线

佛山位于珠江水系的交汇处，水路交通十分便利，凭借四通八达的水网交通，水上运输一直是佛山的重要经济支柱。自古以来，佛山就有繁忙的水上贸易，许多商品通过水路运输进出佛山，促进了城市的繁荣与发展。船只川流不息，码头上商贩云集，佛山一度成为南方重要的贸易中心之一。如今，虽然随着现代交通的发展，水上运输的比重有所下降，但佛山仍然保留着许多古老的水乡风情和码头建筑，吸引着大量游客前来观光，感受历史的沉淀和文化的魅力。游客们可以乘坐游船，穿梭于蜿蜒的水巷中，体验传统与现代交融的独特氛围。同时，当地的特色美食和丰富的民俗活动也为佛山增添了无尽的魅力，使其成为人们休闲度假的理想去处。

近年来，佛山以水为纽带，将分散的历史文化资源串联起来，发展水上文旅成为一条天然黄金线路。以南海区有为水道为例，虽然其长度不足 10 千米，但它将沿线分散的古村落资源串珠成链。借助葛洪、方献夫、陈澹浦、康有为等名人的影响力，聚集了这一区域丰富的文旅资源，促进了沿河村居的乡村振兴。另外，三水区充分利用自身丰富的水资源，打造"三江汇流　湾区之源"的特色品牌，并设计推出了"岭南水韵游""长寿古村游"等旅游精品线路。通过举办美食啤酒节等文化活动，三水区展示了最具特色的"水文化"、"长寿文化"和"美食文化"，推动了该地旅游产业的可持续发展。

5. 水乡风情与传统文化的完美融合

佛山以其独特的水乡风情而闻名于世。佛山有许多古老的水镇，如顺德区的乐从镇、高明区的杨和镇等。这些水镇保留了传统的建筑风格，狭窄的水巷、石板路，古老的桥梁，让人仿佛穿越到了过去的岁月。佛山的建筑风格融合了岭南文化和水乡特色。你可以在这里欣赏到精美的传统宅院、庙宇、园林等建筑。例如，佛山的祖庙就是一座古老而宏伟的建筑，吸引着游客和信徒前来参观。佛山有许多美丽的园林，如佛山梁园、南海区的西樵山风景名胜区等。这些园林以曲水环绕、假山、亭台楼阁等特点而闻名，是休闲散步旅游的好去处。佛山的水乡文化中融入了许多传统习俗。例如，每年的端午节，佛山会举行盛大的赛龙舟活动，吸引着成千上万的游客前来观赛。此外，水上婚礼也是一项独特的体验，新人在浪漫的水景中交换誓言。古老的水镇、古色古香的建筑、曲水环绕的园林，构成了佛山独特的城市风貌。在这里，人们可以乘船游览岭南水乡，体验水上赛龙舟、水上婚礼等传统习俗，感受水与城息息相关的生活方式。

佛山，作为一座"以水兴城"的历史名城，自古以来就以其得天独厚的地理条件和丰富的水资源而闻名于世。水，不仅是佛山发展的基石，更是其文化的灵魂，贯穿了这座城市的过去、现在和未来。在佛山的发展历程中，水文化的根基、水利建设的奇迹、水上运输的繁荣以及水乡风情的韵味，共同构成了佛山这座城市丰富多彩的历史画卷。

在未来，随着城市的不断发展，佛山将继续以其独特的水文化魅力，吸引世人的目光。佛山不仅将加强对现有水资源的保护和利用，还将不断探索新的水利工程技术，提升城市的防洪抗灾能力，保障水资源的可持续利用。同时，佛山将进一步挖掘和弘扬水文化，打造具有浓郁地方特色的水文化品牌，推动文化旅游的发展。通过举办各种水文化节庆活动，佛山将展示其深厚的历史文化底蕴和独特的水乡风情，吸引更多的国内外游客前来观光旅游。

三、擦亮森林城市招牌

随着佛山工业化和城镇化的快速发展，当前佛山全市土地开发强度已达40.83%，存在着生产、生活用地挤占生态用地，以及生产、生活、生态用地犬牙交错、互相穿插等问题。面对生态空间难题，佛山传承和弘扬牢记使命、扎实苦干，改革创新、争创一流，绿色发展、久久为功的"云勇精神"，努力把城市建设得更绿更美。

（一）初心如磐：云勇林场的绿色转型

1. 筚路蓝缕启山林：国有林场荒野变森林

1958 年 4 月，中共中央、国务院发出《关于在全国大规模造林的指示》，全国各地掀起了大建国营林场的高潮。1958 年春，一批下放干部及热血青年响应国家号召，聚集到珠三角泗云山区腹地，垦山造林，开启了云勇林场的创业史。从一片荒野到苍茫林海，全靠云勇林场人用双手创造。

林场兴办之初，物资十分短缺，职工住茅草棚集体宿舍，每人仅有一个床位。当时没有公路，要靠人力到 14 千米远的明城镇将生产、生活资料一步步挑回来，费时费力。各工区的运输则要翻山越岭走羊肠小道，路途远，一天只能往返一次。

林场建立之初的主要工作是造林、营林、护林。为抢在春节后至清明前这个植树黄金时间内完成植树任务，全场职工连续 40 多天风餐露宿，每日起早摸黑开始工作 10 多个小时。春寒料峭，每天数百棵树种下来，造林人全身湿透数遍，关节疼痛难忍，不少人患上风湿病。荒山野岭的劳动环境险象丛生，有名职工被毒蛇咬伤，来不及送医，年纪轻轻就长眠深山。

创业的艰苦让林场职工难免有过短暂徘徊和动摇，大家最终咬牙坚持下来，胜利完成了国家交给的任务。因为建林周期长，国家投资也不多，20 世纪 60 年代的云勇林场以林为主，林粮间种，以"多种经营，全面发展"的方式维持生计。当时树苗低矮，中间种木薯，副业有养猪场、香茅油厂、酒厂。

为有牺牲多壮志，敢教日月换新天。1959 年至 1976 年林场的创业阶段，1968 年和 1972 年由于特殊原因没有造林，余下的 16 年均年年造林，1963 年至 1967 年连续 5 年造林均在千亩以上。到 1976 年，种下杉树 15431 亩、松树 6166 亩、竹树 107 亩、果树 20 亩，共计面积 21724 亩，每年每名职工造林 20 ~ 30 亩。

2. 两度改革应号召：从商用经济林到生态公益林

经过 20 年的艰苦创业，云勇林场从刚开始的一片荒野，逐步转变成参天大树林立，林场随后进入了快速发展期。云勇林场的管理权限在 1984 年由省管下放给佛山市，云勇林场成为佛山市属唯一的国有林场。林场积极推行体制机制改革，创新性地实行了多种形式的承包和岗位责任制，以市场需求为导向，调整林相结构，发展第二、第三产业，取得显著的经济效益。

1987 年至 1990 年，林场已生木材 82000 立方米，收入 2908 万元，加上多种经营收入 610 万元，共 3518 万元，相当于国家对林场总投资的 38 倍。其间，林场共向国家缴纳税金 322 万元，并拥有固定资产 1510 万元，于 1993 年被评为全国国有林场百佳单位。云勇林场处在改革开放前沿地带，发挥了国有林场改

革创新先锋的功能。

20世纪90年代中后期，由于大量砍伐导致木材产量下降、建筑木材市场需求萎缩等原因，普遍性的林业危机爆发。林场面临行业危机，并没有选择加大砍伐量或种速生桉树等竭泽而渔的办法，也抵挡住了出租给他人用于挖矿的诱惑，勉力坚持了几年，亏损局面并没有得到明显改善。

此时林场再次勇敢迈出步伐，申请由经营商品林型转为生态公益型，成为全省第一个生态公益型林场，管理体制不变。2015年中共中央、国务院印发的《国有林场改革方案》将国有林场主要功能明确定位于保护培育森林资源、维护国家生态安全。云勇林场的实践比中央的改革方案足足早了14年，强有力地证明了其转型发展的科学性、创新性和前瞻性。

然而，转型发展需要对原有的经济林重新进行林分改造，是一场全面比拼体力、耐力、毅力和智力的"越野赛"。21世纪前10年，云勇林场每年以160公顷到190公顷的速度进行林分改造，累计完成1826.3公顷生态林林分改造，完成总体规划改造任务的101.7%，超额完成30.6公顷。云勇林场从树种单一的商业性林场，成功转型为占地3万多亩、拥有134科520多种植物的生态公益型林场，是省内乃至国内国有林场中，率先向纯生态公益型林场转型的典型。

3. 新时代再出发：打造"珠三角的塞罕坝"

2010年，广东省率先在全国开展事业单位改革，林场随即更名为佛山市云勇生态林养护中心，转制为公益一类事业单位，全额纳入公共财政供养，成为广东省第一个公益一类事业单位性质的国有林场。

有了全额财政保障，林场本可以过上舒服日子，但是云勇人没有贪图安逸。2012年以来，林场贯彻落实中共广东省委、省政府关于全面推进新一轮绿化广东大行动的决定，加快造林绿化和中幼林抚育，提升造林绿化质量。同时，全方位提高防火能力，保障森林资源安全，建成总面积达 3300 余亩、长达 150 千米的防火林带，增设 10 座森林消防水池，将监控范围覆盖到林区 90% 以上区域，护林管理手段日益智慧化精细化，成功保持了 43 年未发生过一起山火的纪录。

新时代，新征程。党的十九大召开前夕，佛山成功荣膺"国家森林城市"称号，作为全佛山森林资源最精华的部分，云勇林场功不可没。2020 年 12 月，国家林业和草原局正式准予云勇林场设立"广东云勇国家森林公园"。近年，云勇林场积极挖掘人文要素，通过共建社区林场、打造体验林场、形成科研林场、建设教育林场，加快建设高质量国有林场。

云勇林场美景

如今，云勇林场是佛山面积最大、生态价值最高、结构最完整的"城市绿肺"。据统计，林场各类树木释放氧气价值达到 8.23 亿元、生态服务价值超过 26 亿元；森林覆盖率高达 96.95%，其中生态公益林占比 97%；年均每立方厘米空气中负氧离子含量高达 8000 个，气温常年比佛山市区低 3 至 5 摄氏度。走进林场，绿意和清新的空气扑面而来，但见万亩林海，满山苍翠，云堆雾涌，有险峰奇石、飞瀑流泉、古井深潭，桃花、樱花、红花荷、大花紫薇等多种花卉一年四季竞相绽放，版纳鱼螈、穿山甲、豹猫等野生动物栖息其中，更有人文风光与自然野趣相映生辉。每逢节假日，游客纷纷从珠三角各地前来踏青游玩、露营野餐、团建研学，云勇林场游人如织，每年接待的游客超过 10 万人次，被誉为"珠三角的塞罕坝"。

（二）见缝插绿：城乡空间的绿美提升

1. 建设高品质城市公园：生态绿心见证城市蝶变

自获得"国家森林城市"称号以来，佛山深入践行绿水青山就是金山银山的理念，有序推动城乡一体绿美提升，在全省率先开展万亩千亩公园等城市大型和超大型绿心群建设。据统计，2018—2023 年，佛山全市共完成造林和生态修复面积 13.84 万亩，建设了顺德东海绿岛公园、禅城王借岗森林公园等 34 个万亩千亩公园，完成了 48 个江心岛基础生态修复工作，推动全市 32 个镇街中的 11 个建成省级森林城镇，一批村庄建成森林乡村。皂幕山云蒸霞蔚，王借岗踞山近水，华盖山栈道蜿蜒……放眼望去，一幅幅山水揽翠、景致怡然的绿色画卷，在城中心、在绿道里、在山水间徐徐展开。佛山城内处处绿意盎然，市民们或悠闲漫步，或欢笑嬉戏，尽享生态福祉。

家住禅城区的老街坊黄伯对此深有感触，他回忆道："以前佛山因为制造业发达，烟囱林立，导致城市环境比较差，河涌发黑发臭，绿化也少。我们平常休闲游乐除了去中山公园，就是去西樵山，我孙女就是在中山公园带大的。现在整座城市的环境都变好了，水变清了，绿化也多了，到处建起漂亮的公园，这些年佛山的变化真的太大了。"

现在，黄伯家门口就是近年新建成的人民公园。这是个占地面积不大的袖珍公园，坐落在禅城历史悠久的普君片区，四周被高楼大厦和市政单位所包围，公园绿树成荫，风景宜人，公共基础设施配套完备，步道平坦宽阔，还做了防滑处理，对于黄伯这样的老街坊来说无疑是一个新的散步的好去处。

自从佛山有了越来越多的高品质城市公园，黄伯的退休生活变得惬意而丰富：清晨到距离稍远一点的兆祥公园晨运、和老友们下下棋，晚饭后和老伴一起到人民公园里散步，有时周末还会和家人到顺峰山公园、陈村花卉世界等公园休闲游玩。每天都生活在绿意花香里，黄伯满意地表示"感觉自己年轻了好几岁"。

一个个高品质城市公园见证着这座制造业城市的生态蝶变。从烟囱林立到开门见绿、漫步进园，佛山正全力绘就一幅半城山水满城绿的绿美佛山画卷。

2. "沿路两边、高架桥下"环境整治：绣花功夫打造特色景观

佛山通过充分利用碎片化土地，以一系列"小切口"带动城乡空间绿美"大提升"。针对城市中的闲置地、收储边角地等碎片地块，佛山深入开展"沿路两边、高架桥下"环境整治和景观提升行动，将碎片地块建设为"口袋公园"、小游园、小街景等，完善社区公共绿地体系。

在南海桂城三山新城三条并行的高铁线路之下，一个以铁路为主题的高铁公园吸引了不少市民，其中就包括了一群幼儿园的小朋友。在老师的带领下，孩子们来到高铁公园进行户外探索学习。头上不时传来高铁飞驰而过的巨大震动，绿皮火车的车厢、铁轨、警示灯、铁路发展史雕塑……这里的一切新奇体

改造前的高铁公园

改造后的高铁公园

桂城三山新城高铁公园美景，改造前后的对比

验都激发着他们的好奇心。

在学习铁路知识之余，公园里的花花草草和运动设施也成为了他们关注的焦点，小朋友们叽叽喳喳地向老师提问、相互讨论，有的小朋友的注意力已经完全被成片的狗尾巴草吸引，有的小朋友则迫不及待地在跑道上奔跑起来，公园处处充满朝气和活力。

高铁公园是佛山率先在全省利用高铁桥下空间进行景观绿化改造的突出成果。从前这里杂草丛生，遍布建筑垃圾和违章搭建，如今充分结合三山片区丰富的自然原生资源，通过量身定制的升级改造，一改往日的"桥下灰"为"休闲绿"，形成了独具特色的公共休闲景观。市民们纷纷点赞，"高架桥成了天然的遮阳伞，构思相当妙"。

富有特色、融合文化、绿色低碳的景观改造项目，既结合周边生态环境提升了绿化水平，也迎合了市民生活休闲需求。例如，番海大桥桥下空间被打造成绿草如茵的运动公园；广珠西线高速顺德出入口的改造项目打造成智谷湿地公园，形成湿地河滩景观；顺德杏均特大桥桥下空间变身为婚礼古俗公园，与南沙岛景点连接成一条休闲旅游水岸线……截至2023年12月，佛山桥下空间利用总数已达210处，利用总面积近300万平方米，其中利用方式为综合利用的35处，绿化的79处，市政公园的28处。桥上车水马龙，桥下别有洞天。驾车行驶在佛山重点路段、高速公路出入口或立交桥上，满目皆是繁花绿意，"桥上是车流、桥下有风景"已成为佛山城市文明的一张名片。

3. 扮靓农村"四小园"：小切口促进人居环境大提升

对于乡村中村头巷尾、房前屋后的闲置土地，佛山在乡村持续推进"四小园"（小菜园、小果园、小花园、小公园）建设，充分利用闲置土地进行绿化美化，以边角之景点缀美丽乡村新画卷。

南海区九江镇下北社区错落分布着近50个"四小园"，每一个"四小园"

都有着别致而独特的名称：初心园、筑梦园、引领园、奋进园、上进园、红心园……园园有特色，园园有故事，成为下北一道亮丽的风景线。

其中，"夺魁园"是由九江中学一名老师带领学生与党员志愿者利用空闲时间开垦闲置地建设的小花园，历经 4 个月的精心培育，"夺魁园"内朵朵葵花向阳而开，随风摇曳。高考前夕，这些向日葵带着鼓励和期许，被送到考生手中，祝福他们一举夺魁。

获评 2022 年度南海区创意"四小园"的"长兴园"，过去曾是一块荒废地，杂草丛生。长兴经济社党员带头，社员出建议、出花种、出材料，人人出力，合力"凑"起一个 140 多平方米的小花园，并由经济社志愿服务队定期养护。

在佛山，结合村庄文化、景观风貌、产业特征打造具有岭南特色的"四小园"，已成为实现乡村"颜值"和"内涵"双提升的重要举措。截至 2024 年 3 月，全市累计清理房前屋后杂草、杂物、垃圾点逾 182 万处，建成"四小园" 27200 个，新增村庄绿化面积逾 30 万平方米。让更多的空地变绿地、荒地变公园、步道变绿道，实现"村中有景、景中有村"，擦亮佛山乡村振兴的"绿色底色"。

（三）守绿有责：生态建设的协同机制

1. 探索制定绿券制度：激活生态修复驱动力

为破解土地碎片化带来的生态问题，2022 年 8 月，佛山市南海区探索出台了全省首个"三券"制度，即《佛山市南海区人民政府办公室关于开展"三券"推动全域土地综合整治的指导意见》，其中绿券制度是对现状建设用地因不适宜复垦为连片农用地，但通过复绿后符合城市绿地发展或具有一定生态价值，验收后按照一定比例兑换新增建设用地计划指标的奖励凭证。

南海区里水镇逢涌村的腾退项目位于里水镇北部，北靠象岗岭，是佛山自然生态安全格局中的北部生态屏障的重要组成部分。该项目是南海区首个运用"地券＋房券＋绿券"组合于一体改造的项目，其中二期项目是里水镇2022年重点推进实施的绿券项目，由逢涌村自行出资复垦，产生绿券指标用于村集体产业项目，于2024年1月通过了验收并取得绿券指标84亩。

绿券制度的探索，旨在鼓励各镇街开展边角地整治，实现生态复垦复绿，平衡城市发展与生态保护问题。据统计，截至2023年10月底，南海累计完成和开展绿券项目10个，共421.23亩，其中7个项目已验收，面积274.75亩，已发放绿券181.66亩；全区2022—2023年腾退复垦复绿已完成8112.94亩。在南海先行实践的基础上，佛山正在把绿券制度推广至全市范围。2023年，佛山市自然资源局发布的《佛山市国土空间生态修复规划（2021—2035年）》明确提出"将探索生态补偿制度，加快推进生态文明建设；制定'绿券'制度，扩容提质生态空间"，为逐步实现国土空间腾挪和土地集中归并、扎实推进绿美佛山生态建设夯实基础。

2. 以林长制促"林长治"：完善森林资源管护架构

要落实好"植绿"任务、守护好"增绿"成果、营造好"爱绿"氛围，林长和护林员们肩负重任，如果稍有不慎，未能有效预防和及时排查、应对森林灾害，将对生态环境造成一时难以修复的损害。

在云勇林场创下40余年未发生山火的纪录背后，有一群兢兢业业、一丝不苟的护林员，他们日复一日地对林场的森林防火和病虫害防治情况进行巡查，每天都累计几万步的步数，记录着他们的付出与坚守。

每年春节期间游客增多，林场内村子的村民纷纷回乡过年，使林场防火压力陡增。为了捍卫林场和游客的安全，春节期间林场每天都有60多人在岗，严格执行24小时值班、领导带班制度，护林员由原来每天巡查3～4次也增加到

5～6 次，密切关注天气和森林火险变化趋势，并在林区设置多处森林防火检查站，落实禁火令和有关通知要求。

重任之下，护林员们已经对春节值班坚守岗位习以为常，有的护林员已经连续多年在林场过年，他们表示"护林员不像其他职业，这么大片森林一天都离不开人"。不但对此没有任何怨言，对巡林护林的工作也没有丝毫松懈。

近年，佛山不断推动林长制工作从"建章立制"向"推深做实"转变，持续完善林长制组织体系、细化落实配套制度，探索创新协作机制，形成了"林长 + 检察长 + 警长 + 志愿者"的工作亮点。

2023 年 3 月 21 日世界森林日当天，佛山发布了首条志愿巡林路线，标志着佛山林长制的推行迈入新阶段。当前，各区都已推出多条各具特色的"林长 + 志愿者"巡林路线，其中禅城区共推出三条巡林路线，王借岗森林公园路线主打森林防火、野生动植物等森林资源保护特色，中山公园路线主打古树名木保护管养和科普宣传特色，近期还新增了大雾岗森林公园路线。

3. 推动全民爱绿植绿护绿：共建共享绿美佛山

绿美佛山的建设，离不开每一位市民凝心聚"绿"。佛山广泛发动社会各界力量参与绿美生态建设，提升绿美综合效益，充分体现了生态活力。

每年春风拂暖之际，佛山的基层党组织和广大党员都会第一时间行动起来，以"党员红"引领"生态绿"。营建生态林、开展以绿化为主题的"双报到"活动、组织绿美佛山主题党日活动、组建党员护林护绿队伍……党员们率先点燃了全佛山爱绿植绿护绿的热情。

如果说党员干部是绿化队伍的"领头羊"，那么广大的乡贤、企业和群众便是中坚力量。南海区乡贤关杰初无偿帮助 27 个村改造提升主干道重点路段，以企业名义捐建"源林西江湿地公园"，并创设"一元爱心捐"项目，带动超 1280 万人次爱心接力，募集资金达 3023 万元，关杰初个人多年捐赠及认捐的慈

全民参与 50 千米徒步活动

善公益项目超 5 亿元。许多热心企业也积极投身于绿美佛山的建设和宣传工作。自 2016 年起，时代中国 6 年独家全程总冠名佛山 50 千米徒步活动，助力佛山市民实现"向往的生活"。

作为佛山倾力打造的一项富有绿美底色的全民健身活动，50 千米徒步分为五条路线，从五区各自出发并汇集于世纪莲体育中心：禅城线主打"文化体验之旅"，南海线展现"绿美南海、科创之城"的动人画卷，顺德线彰显"以水美城、以水兴城"成果，高明线串联四区风光，三水线则一路水一路景。五区路线各具风光特色，多维度地展现了佛山高水平城乡一体化绿美环境。

　　这项规模盛大、全城参与的活动，每年都能吸引数十万人用脚步丈量绿美佛山。市民群众成群结队地穿过历史街区、万里碧道、湿地公园和美丽乡村，在欢声笑语中尽情领略绿意葱茏和繁华烂漫，感受佛山这座国家森林城市的城市之美和生态之美。

　　在建设绿美佛山的感召下，市民们也积极地行动起来。2023年全市共开展义务植树活动超100场次，营建主题林超25片，种植苗木超4万株。目前，"绿美佛山1人1天1元"慈善项目已发动全市党员干部、爱心企业、社会组织参与慈善基金行动超15万人次，筹集善款超1100万元。

　　佛山以建设"半城山水满城绿"的绿美佛山为总目标，出台绿美佛山"1+1"顶层设计文件，构建"三屏六楔，两脉两环，蓝绿成网"的自然生态空间格局，推动工业大市"绿色升级"。"岛、岸、路、桥、山、园"统筹推进，城里城外、园里园外、山里山外、水里水外综合治理，点、线、面结合，全方位擘画绿色生态底色。擦亮国家森林城市的"金字招牌"，佛山永远在路上。

第六章

红色领航夯实发展根基

政通人和则城市兴旺。多年来，佛山充分发挥党总揽全局、协调各方的领导核心作用，坚持大抓基层、大抓支部，使红色旗帜高高飘扬在产业、社区等多种阵地。通过为高质量发展锻造"新引擎"、在基层社区奏响"和谐曲"、在化解矛盾一线上演"和功夫"等"组合拳"，宜业宜居、干得开心、活得舒畅的社会治理生态悄然形成……红色也成为佛山现代化发展中最亮丽的城市底色。

一、"铸魂固链"锻造"新引擎"

作为传统制造业大市，佛山虽然已形成了"三五成群，十有八九"的产业结构，打响了"有家就有佛山造"的制造名片，但仍然面临着产业结构偏传统、"四新"①经济发展不足、新兴产业引领作用不强等问题。如何在原有产业结构的基础上锻造新的发展引擎？佛山坚持党委领导，锚定正确方向，聚力党员干部，实现资源统筹，着力解决企业发展所需要的人才、技术、服务等问题，为传统企业转型升级、新兴企业孵化发展营造良好环境。

（一）育才："强引领"实现党管人才"广吸纳"

人才是第一资源，是提升企业竞争力、促进经济结构转型的核心要素。佛山要打造经济发展"新引擎"必须拥有一支与城市和产业发展相匹配的人才大军。坚持党管人才原则，佛山成立市委人才工作领导小组，全市一盘棋谋划"2+N"人才政策体系，着重打造聚才平台载体，营造"近悦远来"的人才发展环境。

---

① "四新"是指新能源、新材料、新一代电子信息、新型生物医药产业。

1. 人产融合，为人才插上"金翅膀"

作为制造业大市，佛山致力于有效实现人才培育与企业成长同频共振，让企业成为人才施展才华、成就事业的大舞台。2002 年，中国首家民营企业博士后科研工作站就在佛山诞生。

但企业并非一开始就对"设站"充满热情，佛山市博管办原副主任张东航说，"以前我们是要去发动企业设站"。为此，佛山坚持政府主导与企业参与相结合，制定一系列促进博士后事业发展的政策措施，引导和支持企业积极开展博士后工作。"工作机构规格之高，至今在全国都属于顶格配置"，佛山企业博士后工作管理委员会由市长担任主任，委员会成员包括佛山市人社、财政、科技、教育等职能部门领导和相关专家，同时建立了处级建制的佛山市博士后工作管理委员会办公室，专门负责博士后日常管理工作，形成三级工作机制。近年来，佛山市财政每年投入扶持资金约 1.3 亿元，连续几年全职引进的博士、博士后超过 500 人。

如今的佛山已拥有国家级企业技术中心 18 家，省级企业技术中心 210 家，还获批建立机器人领域唯一一家企业全国重点实验室。其中仅美的中央研究院就累计投入 24 亿元，美的集团在 11 个国家建立 33 个研发中心，其中海外研发中心 17 个，吸纳研究人员超过 2.3 万名。佛山高新区更是聚集大批高科技企业，拥有国家级孵化器 23 个、科技部备案的众创空间 20 个、国家级研发机构 28 个、省级以上重点实验室 17 家、省级及以上新型研发机构 13 家，成为创新创业的热土和高地。

2024 年 3 月 26 日，佛山人才创新灯塔产业园区的首个建成园区——佛山万洋科技园盛大开园。这个被定位为打造集科技研发、孵化加速、产业服务、产学研实践等于一体的高科技产业园区，在开园当日就迎来了 17 支签约团队携生物医药、半导体、新材料等多个领域的"硬科技"签约落户。这 17 支团队从全国各地 125 支团队中脱颖而出，将获得近 7600 万元扶持资金和一对一全生命周期人才团队创业辅导。

佛山高新技术企业从 2020 年底的 5718 家快速增长到 2023 年底的 10300 家，为高层次人才和各类技能人才提供了广阔的发展平台，全市人才总量已超 245 万人。

2. 服务上线，为人才铺就"快车道"

人才来了，能不能留得住？第一关就是能不能提供高效便捷的公共服务。佛山在全省率先落实省人才优粤卡的相关政策，创新推出了优粤佛山卡，人才申请一键达成，同时为人才提供人才补贴申领、入户、教育医疗、购房租房、文化旅游、知识产权、创业贷款、特惠消费、场地预约、交流联谊等专项服务。

"拿到我的基本材料后，人社部门主动联系我，并协助我用最便捷的方式申领优粤佛山卡，让人觉得很贴心。"广东皓耘科技有限公司总经理董伟是优粤佛山卡 A 卡的持有者，他说，"不少服务更独具佛山特色，让人才倍感温暖"。

优粤佛山卡的申请对象涵盖了高精尖人才、专业高级人才、中初级人才，以及在佛山工作的市内创客、民间艺术家、民间优才等特色人才。既认可人才取得的论文、职称、学历、奖项等可量化的成果，又引入市场化指标评价人才对社会的贡献度，如个人年薪、企业纳税、知识产权、参与的科技项目等。大力破除"四唯"，为经济社会发展深挖人才，并赋权企业、行业协会、主管部门等结合实际制定自主认定特色人才标准，补充完善政府部门人才分类认定标准未能覆盖的范围。依托人才大数据，优粤佛山卡服务平台可自动向人才精准推送人才扶持政策和服务，实现人才服务数字化、精细化。

3. 会客更留客，为人才营造"创空间"

业缘关系一定程度上影响着人才流动，不同思想的碰撞又总能产生新的火花，佛山在城市地标处建设人才会客厅，积极开展各类人才交流活动，进一步激发人才活力，扩大人才影响。

"一脉相连，森林新城"，佛山公园作为现代化都市中央公园，坐落在佛山新城，被科学馆、世纪莲体育中心、大剧院、文化馆、城市展览馆、图书馆、青少年文化宫等文化体育设施簇拥着，2024年广东省第一个"院士之家"和院士风采馆在这里开馆，不定期向群众开展科学家精神宣传、科普宣传等活动，更为佛山市一流科学家提供服务和交流平台。

万科金融中心

巷弄、骑楼、瓦脊、雕梁画栋，岭南天地位于佛山中心城区，是佛山文物古迹最密集、规模最大、传统风貌保存最完整的历史文化街区，曾先后获评国家级夜间文化和旅游消费集聚区、首批广东省级示范特色步行街（商圈），是佛山最"潮"打卡地。"粤港澳大湾区（佛山）人才会客厅"就在这里的简氏别墅揭牌运营，浓郁的文化氛围、便捷的商务服务，"高才夜话"交流活动办得有声有色，围炉煮茶、人才在这里赴一场场思想与创新的聚会，探讨各种专业前沿、分享观点和经验。

"功夫传天下，英才聚佛山"，在企业云集的产业园区、在方便快捷的手机 App、在怡然自得的滨水河畔、在古色古香的建筑群里，人才到处享受"一站式"服务，学术交流、项目路演、资源对接、信息集散、优惠服务应有尽有，能与科创企业精准"对靶"实现供需对接。

2022 年起，佛山将每年的 9 月 27 日设为"佛山市人才日"，以一座城市的名义对人才致以敬意。2023 年，佛山市委组织部与佛山市人社局联合印发《佛山市高层次人才服务专员工作制度》，打造专职、兼职相结合的高层次人才服务专员队伍、网格化人才服务体系，领导干部直接问情、问需、问策于人才。来佛、留佛、爱佛、兴佛，越来越多的人才正在投向佛山的怀抱，也为佛山打造经济发展"新引擎"贡献着源源不断的智慧力量。

（二）增效："强先锋"发动党员干部"解难题"

党的二十大报告明确提出："严密的组织体系是党的优势所在、力量所在。各级党组织要履行党章赋予的各项职责，把党的路线方针政策和党中央决策部署贯彻落实好，把各领域广大群众组织凝聚好。"在走向科技自立的道路上总少不了艰难险阻，国资委和"两新"工委不断强化对企业党建工作的业务指导，大力引导企业党员干部发挥先锋模范作用，将党的建设与业务工作紧密结合，在攻坚一线上磨砺党员干部、成就企业发展。

1. 领导挂帅，头雁展翅破难题

党员领导干部是推动高质量发展的关键所在，以书记项目、委员项目的方式让党组织班子成员带头攻坚克难已经成为佛山企业推动工作的重要抓手。

佛燃集团为推动能源技术开发，于 2020 年 8 月全资成立佛燃科技，该公司以"科技、节能、环保"为导向，专注于新能源装备领域。2021 年 4 月，成立佛燃科技党支部，以项目为单位，以"攻克卡脖子技术"为宗旨，由党员领导干部成立多支"党员攻坚队"，其中最早的攻坚队就是由支委会委员、副总经理陈锦芳与林梓荣携手带领的"SOFC 党员攻关队"。

固体氧化物燃料电池（SOFC）属于当前世界能源科技的前沿技术，能极大地提高发电效率。我国每年发电消耗的天然气约为 660 亿立方米，如果用 SOFC 发电，可节约 200 亿立方米天然气，创造的价值超过 600 亿元。但这项技术也是名副其实的"卡脖子"技术，目前做得最好的公司对中国完全禁售，对除中国外的其他地区也只卖服务不卖设备。为了攻克这个技术难关，攻坚队将目标定在了研发 50 千瓦 SOFC 系统上。目前已完成 50 千瓦 SOFC 电堆塔的详细设计、测试及系统详细设计，清华大学等单位联合申报的国家级项目已经获批。

佛山市交通科技有限公司的书记兼董事长曾国东本人就是佛山市创新领军人才、教授级高工，在他的带领下公司着力打造实验室团队，特种环保型沥青及混合材料实验室、超高性能混凝土研发实验室硕果累累，不光获得超百项国家授权专利，斩获省部级奖项 26 项，主参编全国及行业标准规范 22 项，更在新型土壤固化材料等方面达到了国际领先水平。仅特种环保型沥青实验室产品技术应用已辐射全国 10 余个省市，实现经济收益 30 多亿元，消纳道路固废 60 万吨，减少砂石消耗 160 万吨，减少道路处置用地约 160 亩，减少二氧化碳排放约 1000 万立方米，切实为交通强国、美丽中国作出了佛山企业贡献。

佛山交通科技有限公司混凝土产品专利应用于港珠澳大桥澳门口岸人工岛

2. 党员担当，冲锋在前显党性

越是困难，越是艰苦，越能突显党员的担当，正月里大家还在欢度春节，有的同志就已经开启决战模式。"每天起床就默认开启'暴走模式'。有些田地没办法开车到达，我们只能走进去。一天下来我们每天差不多能走两三万步。"佛山市铁人环保科技有限公司员工李辉讲道。

铁人环保是由广东省科学院生态环境与土壤研究所和佛山市人民政府于2012年共同孵化成立的混合所有制企业，主要从事土壤治理。由于工作性质，铁人环保的党员总是带头奔波忙碌在全国的田间地头，在危难关头更是迎难而上，敢想敢干，实现"让中国碗盛满中国好粮"。

2023年11月8日，黑龙江省五常市绿色有机食品协会会长陈滨生把锦旗送到铁人环保，锦旗上"作物营养师 农民贴心人"几个大字赫然醒目。原来当年8月正是抽穗扬花时节，但因受台风"杜苏芮"影响，黑龙江遭受百年一遇的水灾，大部分稻田被淹，有些甚至被淹至3米多高。"当时不少农户看见倒下的水稻，都觉得没救了。但我心里始终觉得有救，毕竟我们在育苗期就打下了强根壮秆的好基础，"支部委员罗旺兴认为，"灾后水稻抢救，没人试过，那我们就来试试。"技术团队连夜采样分析、快速抢救，用"硬科技"抢救受灾稻田，让水稻快速再生，切实为受灾农户挽回了经济损失。

发挥党员先锋模范作用，佛山企业啃下了一块又一块硬骨头。2021年7月，洁氢新能科技有限公司党支部成功推动投产运行国内首座站内制氢加氢加气一体化站——南庄站，该站兼备光伏发电及电解水制氢、加气、充电等多项功能，其建成是我国加氢站建设中一件里程碑式的事件，荣获中国氢能产业贡献奖。

3. 协同合作，锻造技术集团军

领导带头、党员冲锋，一个又一个敢打敢拼的团队也就锻炼了出来。在铁人环保的生产车间，就悬挂着铁人精神的标语："有条件要上，没有条件创造条件也要上"，"为国分忧、为民族争气"等。公司起名"铁人"，现如今也真正做到了习近平总书记所期望的"要建设一支生态环境保护铁军，政治强、本领高、作风硬、敢担当，特别能吃苦、特别能战斗、特别能奉献"，获批为国务院国资委"科改示范企业"、专精特新"小巨人"企业、国家知识产权优势企业等。

无独有偶，在 SOFC 系统研发的过程中，佛燃科技需要派工程师前往欧洲开展实地学习和研发。尽管当时国外仍然疫情肆虐，项目团队里的每个人却都踊跃报名，没有一个人退缩。大家都说："这是多好的一次机会啊！只有亲身体验，面对面去沟通探讨、去动手实验，才能将核心技术给带回来！"

一级带着一级干，一级做给一级看，以担当带动担当，以作为促进作为，在党员干部的示范带领下，一个个技术难题被攻克，推动着佛山企业向更高水平发展。

（三）聚力："强统筹"凝聚各方力量"固链条"

习近平总书记在二十届中央政治局第十二次集体学习时强调，"要瞄准世界能源科技前沿，聚焦能源关键领域和重大需求，合理选择技术路线，发挥新型举国体制优势，加强关键核心技术联合攻关，强化科研成果转化运用，把能源技术及其关联产业培育成带动我国产业升级的新增长点，促进新质生产力发展"。佛山已形成具有国内自主知识产权的较为完整氢能产业链条，如何集聚链上企业共谋发展、探索"四链"融合[①]？党委、政府致力于将组织优势转化为产业动能。

---

① "四链"融合是指创新链、产业链、人才链、资金链深度融合。

1. 将组织建在链上，责任到人强归属

以仙湖实验室为主阵地，地方党委牵头组建覆盖 7 个政府职能单位、11 家涉及氢能产业上中下游头部企业和科研平台的功能型氢能产业链联合党委，构建市、区、镇三级纵向贯通和机关、事业单位、"两新"组织横向融通的党建工作体系。

2024 年 3 月 27 日，佛山市南海共青团助力"百千万工程"推进会暨氢能产业链团工委成立大会在南海区仙湖氢谷党群服务站召开

联合党委由党委书记作为"链主"，另设党委委员作为"链长"挂钩党支部工作，并配备党建指导员进行专业指导。链上企业全部完成党建摸排，推动产业链相关企业党组织"应建尽建"，同时启用仙湖氢谷党群服务中心，设立氢能产业链流动党员报到点，将链上在册党员和流动党员统一纳入教育管理，定期举办氢能学术讲座、专题党课、参观学习、发展研讨等活动，不断增强氢能产

业党员政治归属感。

此外，联合党委还以高才会为纽带，建立"1 名党建指导员 +1 名人才客户经理"引育模式，积极引导优秀的产业人才向党组织靠拢。

2. 将力量凝在链上，总揽全局共攻坚

"产业链延伸到哪里，党建工作就覆盖到哪里。"联合党委书记冼增强讲道。联合党委建立产业链党建联席会议制度，每季度集中研究产业链重要事项和难点问题，凝聚链上企业力量，通过联合党委汇题，鼓励科研平台领题，联动链上企业破题的形式，推动技术研发和成果转化，实现"产"与"研"的双向奔赴。

项目榜单由各支部书记揭榜挂帅、领题攻坚，实现党建与产业发展融合共进。如第二联合党支部牵头，联合科研院所、企业开展氢能产业关键技术攻关，带动瀚锐液态有机储氢材料产业化项目落户丹灶。而在联合党委的牵线搭桥和努力促成下，老党员仙湖实验室副主任李康带领院士工作站科研人员与一汽解放组建了研发团队，制造出国内首台氢氨融合直喷零碳重型商用卡车内燃机并成功点火，大大降低了重载货车的碳排放量。

同时发挥党总揽全局的优势，不断强链、延链、汇链。联合党委推动制定《佛山市南海区推进氢能产业发展三年行动计划（2022—2025 年）》，推动出台相关产业政策，形成较为完善的政策体系；引入氢标委、中标院、绿色发展研究院等标准机构，参与编制及发布 50 余项氢能领域标准规范，进一步完善产业支撑体系。在上游制氢、储氢环节，争取国内最大的质子交换膜电解水制氢装备基地在佛山投产，降低可再生能源制氢装备成本 50% ~ 60%；在中游氢燃料电池制造环节，集齐"8 大零部件"的生产厂家，完善产业链条；在下游市场应用环节，推动氢能社区、氢水养殖、氢医疗等项目加速落地等。

3.将资源聚在链上，社会合力护发展

产业发展不仅要靠企业也需要各种社会力量和资源的支持，联合党委和党建指导员保持与氢能企业的密切沟通联系，定期开展政策宣传、意见收集、诉求协调等服务，建立起"科研平台和企业下单、联合党委派单、职能部门接单"的服务模式，实现"点单式"精准服务产业链发展需求。

"当初考虑生产制造基地的时候，我们考察了全国近百个地区，最后把生产基地选在了南海，现在还将区域总部搬到了这里，这已经说明了一切。"广东清能新能源技术有限公司销售总监钱继冉说道。

联合党委每年至少开展 2 次"纾企困、稳增长"走访调研，党委委员每季度至少进行 1 次驻企调研。举办"党建 + 强链"对接会，组织相关部门提供"入规"联络报送、上市政策扶持、金融法律服务等。如协调经发、招商、国土等职能部门为链上企业提供万亩工业用地以及超过 50 万平方米厂房载体，护航产业链健康发展；开展欧洲市场产品认证培训系列活动，助力链上企业拓展海外氢能市场。协调住建部门在新建的人才公寓中为符合条件的氢能人才预留住房，协调教育部门为符合条件的人才子女制定入读政策，不断完善仙湖氢谷交通、休闲配套。组织证券投资公司到氢能企业调研座谈，了解企业上市规划和融资需求，助力氢能企业上市，做大做强氢能产业链。与律师行业党委结对开展"红色力量，律动氢能"活动，促成链上企业与律师事务所党支部结对共建。结对中国银行佛山分行党委，开展金融定向服务活动，撬动投融资 13 亿元等。

在各种资源惠链下，11 个氢能院士项目落户南海，孵化公司 14 个，预计带动氢能产业上下游产值提升 8 亿元，实验室所在地丹灶镇成为佛山市"最受院士喜爱的小镇"。委员企业海德利森落地全国首批 70 兆帕商业化加氢站；委员企业中科嘉鸿研制出全国第一条高温甲醇燃料电池动力船；委员企业攀业氢能

获得全国第一张氢能两轮车领域的非危运输认证，在氢能两轮车出口领域上实现"零的突破"……一个又一个"全国第一"在此诞生。

通过组织链牵动创新链、产业链、人才链、资金链深度融合，构建氢能产业生态圈。佛山已成为中国氢能头部企业聚集高地，预计投资规模超 600 亿元，全部达产后年产值超 1000 亿元。氢能产业集群入选工业和信息化部组织认定评审的 2022 年度中小企业特色产业集群，中国机械工业联合会向佛山市南海区授予了"中国氢能产业之都"的称号。

二、"一核多元"演奏"和谐曲"

在着力加强基层治理体系和治理能力现代化建设的时代背景下，佛山市通过党建引领织网、暖心、智脑，有效整合资源、凝聚民心、数字赋能，逐步提升了治理效率，增强了居民幸福感，展现了基层治理现代化的崭新图景。

（一）织网："小网格"做实基层治理"大文章"

随着现代化的快速推进，小小社区承载的居民事务越来越多，但资源却十分零散。通过"全科网格"的治理模式，实现网联资源、网尽难题、网聚民心，不断完善基层治理的细节，书写了一篇篇感人的治理"大文章"。

1. 一网联动资源

三水区在佛山最早开始探索"全科网格"治理，随后经验在全市推广。佛山将党建网格与综合网格融合，由社区党委划分网格，使社区原本的条状职能分工变为块状职能分工，实现"一网统管"，做到"人在网中走、事在格中办"。

透过一个个鲜活的社区案例，可以窥见"全科网格"联动资源的运作效能。罗琼开是桥头社区富善路一号一座的党员楼长，平日里充当政策宣传员、民情信息员、邻里联络员等多重角色，及时帮助解决困扰邻里生活的问题，在社区的每一个角落倾听、观察、行动。

"昨天在富善路 1 号楼侧的公共楼梯处，看到一个阿婆爬着上楼梯，既辛苦又不安全。社区可以加装扶手吗？"收到居民反映后，罗琼开立即通过网格长沟通群反馈居民诉求。很快，桥头社区党委将加装扶手的方案发到党建共建单位和在职党员微信联络群。

随后，三水区人民医院"接单"，在职党员出资千余元；广东省强制戒毒所三水所的在职党员认领工程服务，无偿提供加装扶手梯工程服务。一名在职党员还主动购买安装太阳能照明灯，惠及附近的百余名年长者。

"从反映问题到解决问题仅半个多月，真高效。"罗琼开说，依托全科网格运作优势，社区解决居民急难愁盼的效率更高，自己的干劲也更足了。

"全科网格"作为城市社区治理基本单元，其划分权力被交给社区，统筹辖区内的党建和综治、城管、市监、应急、消防等各类网格，实现"全科网格"的"一网统管"。

"我们村的工业园区发展很快，治安问题、土地矛盾、村务争议等问题接踵而来，村干部加班加点也忙不过来。"高明区更合镇小洞村党委书记、村委会主任陈敬培对于推进"全科网格"的前后变化深有感触，"现在我们把全科网格建起来了，每个网格都有区派来的专业人员、镇的驻村干部、农村党员、快递小哥以及企业人员等一大批人员可以调用，每天有 200 多名网格员和信息员活跃在村里。村民、企业有什么问题诉求都能第一时间得到反馈解决。"2024 年，高明区处理网格案件超 4 万件，办结率达 99.82%，基层治理现代化精细化水平大幅提升。

2. 一网打尽难题

党建引领"全科网格"建设，通过重构网格、整合资源、优化机制、强化保障等举措，赋能"小网格"破题"大文章"，破解"基层看得见管不了、部门管得了看不见"难题。

在佛山市高明区更合镇高坑村的一个幽静的小菜园里，秋阳斜照，网格员梁景开带着关切的微笑，来到叶七妹老人家，轻声向老人问候："叶奶奶，您好呀，家里有什么需要帮忙的吗？"叶七妹老人回答道："小梁，你又来了，我没事，别老是往这儿跑了。""没事，奶奶，这就是我的工作。想着您年事已高，又一个人在家，我不放心呀！"他们的对话，似是久别重逢的亲人般自然亲切。

走村入户，逐户摸排，网格员们在更合镇的大街小巷间穿梭，他们耳聆民声，眼察民情，心解民困，逐渐成为了村民们心中那个"贴心人"。网格虽不大，却要求他们每一步都要精准；每一个问题虽然细小，却直接关系到每个家庭的安宁。

"当时火势较大，网格员提着灭火器就冲了过来，大声对我们说很危险快撤离。当时一瓶灭火器的泡沫都用完了，火都没有扑灭。"提到大幕村的那次事故，一位目击的村民激动地说。危急时刻，网格员蔡炳芬不顾个人安危，她果断疏散人群，勇敢地扑灭火苗。

"全科网格员是信息的采集者、安全的守望者、社情的传声筒、政策法规的传播者、矛盾纠纷的平和者，更是困难群众的依靠……"更合镇综治办主任梁木荣语重心长地说道。这个小镇正努力让各职能部门与社会治理网格相融合，更细致、更精准地服务于社区的每一个角落，实现"一网尽揽"，确保人民的幸福安康。

"全科网格"按照农村、社区、楼宇、商圈、园区等不同区域，重新划分网格，实现基层治理"一张网"统、"一个格"管；同时，将民政、司法、应急、消防等部门派到基层的专业力量，统一编排到网格里，当好基层的"传感器"，发现问题，及时解决问题，实现"矛盾不上交、平安不出事、服务不缺位"，推动基层治理能力提升，为群众安居乐业创造和谐稳定的社会环境。

3. 一网凝聚民心

元宵佳节，佛山市三水区西南街道澳盈商务中心的400多家商户收到了暖心问候。汤圆、礼品、商圈联系卡一起为他们带来节日的祝福。这份礼物的背后，是三水区西南街道桥头社区通过"全科网格"建设温度社区的实践。"社区一发布志愿者征集令，不到2个小时名额就满了。"桥头社区每次志愿活动，名额经常被"秒抢""秒空"。

为什么党员志愿者的参与热情如此高？除了本身热心社区事务，桥头社区的"全科网格"激励机制发挥了大作用。为打造一个有温度的社区，桥头社区党委实行志愿服务积分管理机制，志愿服务可以得到积分，兑换物业管理费、停车费、少儿艺术培训、健身美容服务等。

以服务兑换服务，进一步盘活辖区资源，推动全民参与社会治理。同时，社区还评选表彰年度优秀党支部、年度优秀网格长、年度星级志愿服务奖、星级党员楼长，让大家在基层治理中感受到价值感、荣誉感。受表彰的优秀网格长张桂龙表示："服务基层治理不仅是我个人的工作，更是我的责任、我的事业。"

在农村社区，每到重大节日前夕，网格长、网格员、网格党员联同村居民带上卫生工具到新迳口村主干道、巷道等进行环境大扫除，清除主干道、花坛等卫生死角垃圾，同时给在场的村居民派发老鼠贴、蟑螂药，有效治理了辖区内的环境卫生，改善了人居环境。临近春节，在旧迳口网格、基塘村网格、白沙村网格开展多场现场写挥春送挥春活动，让小区居民特别是外地居民感受到本地浓厚的年味，又让本地村民了解到来自不同地区的外地居民的各种年俗，形成城乡文化大融合。

"网格分工不分家，大家一起行动、自我加压，形成了比学赶超的好氛围。"三水区西南街道桥头社区党委书记刘燕桃表示，人心齐了，笑脸多了，基层治理效能也更高了。"全科网格"体系营造人人参与、共建共享的城市基层治理新

格局，让基层治理从"社区的事"变为"大家的事"。

（二）暖心："陌生人"渐变有事相商"老熟人"

随着中国式现代化的城市发展，使来自五湖四海的人们齐聚在社区，如何使"陌生人"变成"老熟人"，佛山"创熟"从桂城巷弄延伸至全域，共治服务的协奏曲，在社区治理中营造了浓厚的邻里温情。

1. 初识桂城巷弄

邻居好，赛金宝。2011 年 8 月以来，桂城街道以"创熟"为切入口，化解社区个人原子化、公共生活碎片化、治理水平低效引发的社区内矛盾，重建社区公共生活，推动社区共同体建设，探索社会资本缺失所引发的社会矛盾纠纷的源头治理问题。

"创熟"的核心，在于通过寻常的社区活动挖掘能为自治提供骨干支撑的居民，孕育归属感满溢的共同体。桂城街道以党的建设贯穿"创熟"的始终，不仅强化了基层治理，也确保了政策的渗透和执行。"红色业主委员会"的成立，使党员与居民间的柔和联系愈加密切，党员成为社区服务的中流砥柱。

鼓励党员"亮身份"，彰显"党员＋"效应，构建"党员＋业主委员会""党员＋街坊会""党员＋物业""党员＋楼长""党员＋社会组织"等以党员为基础的社区微治理服务团队。如此构建起各色社区服务团队，促进了社区居民的广泛参与，活跃了社区氛围，拉近了邻里关系，提升了治理成效。

此外，桂城街道积极推动党员深入联系社区，通过"一报到两认领"的制度，让每一位机关干部都有具体的社区责任和服务目标。通过这样的双向管理，大大增强了社区与政府间的互动频率与深度，使得每一位居民都能在这个社区大家庭中找到自己的定位。

"创熟"理念在桂城的实践，减少了居民彼此间的疏远感，织密了公共生活的社会网络，提升了治理效能，重塑温暖而和谐的共同体，让居民从"相见不相识"进步至"互信互助"，共同参与和推动社区事务，培育出一种充满活力与温度的"创熟"文化。

2. 邻里温情蔓延

佛山村落中，一幕幕温暖人心的景象渐次展开。在红火连天的"叠滘龙船漂移"赛道边，线上的"创熟"经验交流会首次步入农村社区的怀抱，在厚重的历史文化氛围中探索新乡贤的引领力量；在凤鸣社区，那片洋溢着"疍家风光"的大地上，志愿者们分批探访，为年迈的长者递上一碗热腾腾的长寿面和斋菜包……烟火气息浓郁，邻里关系和谐，正是我们努力追求的生活。

这是桂城街道扩展"创熟"经验至农村地带的一个缩影。平东社区以玉德农场的特色活动为契机，开展了连续的"爱心菜，暖心送"志愿行动，将地道的社区邻里文化与温暖人心的志愿服务紧密结合。夏北社区开展的"情暖金秋，爱满重阳"敬老志愿服务活动，更是让社区的长者们在这个收获的季节感受到了浓厚的人情味。夏东社区那令人耳目一新的"夏东好声音"活动，以及夏南一社区将历史的老工厂改造为多功能的公共服务场所，均展示了桂城街道在文化振兴和乡村振兴方面的新动力。

可以看到，通过农村社区"创熟"，越来越多的农村居民愿意投入村巷治理。那份友爱的邻里情谊，淳朴的人文情怀，通过"创熟"同路人的传递变得浓郁而富有底蕴。

起于城市社区的"创熟"，正在慢慢向农村社区延伸，推进"全域创熟"。以"楼长制"为蓝本，推动"巷长制"长效发展，以"巷长制"助攻村头巷尾、工业区厂房治理难题，实现了家门口、街区口的微治理，推动了农村社区从粗放治理向精细治理转变。

位于"创熟"公园内的"跟党走，一起创熟"标语

3. 擘画治理图景

走进桂城街道中海物业管理的万锦豪园，一处由架空层巧妙改造成的"创熟"调解工作室映入眼帘，它不仅仅是空间的转换，更是角色与功能的深刻融合。党建活动、邻里矛盾调解与居民议事厅等多个功能区域汇聚，构筑了一个充满活力的社区空间。在这里，每一位居民都是社区治理的主角。

面对物业管理中的信息不对称和沟通机制的匮乏，南海区利用"创熟"机制，将小区物业管理问题列入综合治理的议程。在此过程中，街坊志愿互助会搭建起了一个沟通和协商的桥梁，允许各方代表在社区党组织的引导下共同参与，共商小区大事，形成了一种共商共建共治共享的治理模式。

从服务的理念到共治的思维，"创熟"不仅是调解和管理的工具，更是社区治理方式的跃升。通过梳理邻里关系、加强党建活动、发起"邻里节"和各类互动活动，使居民从陌生到熟悉，最终达到互信互助的境界。这种机制的运作，提供了一个平台，让居民能够直接参与到村巷的治理之中，从而实现了从顶层设计到基层执行的无缝对接。

构建"多元共治"的治理模式，有效调动了居民的主动性和创造性，让他们不只是政策的接受者，更是社区建设的参与者和贡献者。居民们在社区治理中的主导地位不断强化，同时，他们对社区的认同感和满意度也显著提高。这种由内而外的社区自我管理和自我服务模式，不仅解决了日常生活中的实际问题，更在精神和文化层面上，培养了居民的集体荣誉感和责任感。

"创熟"的实践，实现了党建引领公众参与，激发了居民的积极性，共同推进社区治理体系的创新和完善，使得每一位社区成员都能够在这个大家庭中找到归属，共同缔造一个和谐、活力充沛的社区生活环境。

（三）智脑："智慧脑"巧解社会治理"方程式"

现代化内含着技术手段的进一步发展，数字加持成为必要的社会治理手段。佛山市通过智慧化治理，巧妙解决社会治理中的种种难题，实现和谐、有序和平安的治理目标。

1. 支部上线，问题下线

智慧化小区治理可以为传统的社区治理注入全新的生命力。禅城区以小区党支部为核心，依托智慧治理平台形成"群众点题、支部领题、多元解题"的治理闭环，着力推动组织在小区建立、资源在小区集聚、难题在小区化解，实现"支部上线、问题下线"的小区善治。这一创新治理模式正以其独有的智慧和精准，绘制出一幅现代社区治理的新图景。

在"群众点题"阶段，禅城的智慧党建·共享社区小程序成为居民表达心声的桥梁。平台简易而直接，居民们的需求和声音通过"一键投票""一口投诉"透明而迅速地传达。每一个电子信号传输的背后，都是对社区深情的呼唤与期盼，都是对美好生活细节的追求。

在"支部领题"阶段，小区党支部借助智慧治理，成为小区治理中的领航者。通过小程序中的"三先"板块功能，小区党支部及时准确地获取居民意见和需求，基于数据推动决策，使得小区党支部在治理中真正发挥了领导核心的作用。标准化和制度化的推进，确保了党支部能够依托现代信息技术有效覆盖小区治理的每一环节。

在"多元解题"阶段，禅城区利用智慧平台整合来自不同方面的资源和力量，有效解决小区治理中的复杂问题。此外，智慧平台通过实时数据分析，帮助辨识并解决治理痛点，共建机制则通过技术的助力，促进公共事业和社区服务的顺畅运行。

传统的社区治理被赋予了新的意义，每一次互动都是对未来的期许。在这里，智慧化不仅仅是技术的展现，更是一种对居民生活质感深刻提升的承诺，使社区成为一个充满温度和希望的港湾，让每一个居民都能在其中找到归属与安宁。

2. 无感服务，润物无声

在禅城区，一场服务革命悄然展开，创新的无感服务模式像春风那样温柔拂面，轻轻地触碰了市民的日常生活。通过精确的数据流动与应用，传统的行政服务窗口换新颜，转变为一个隐形的、全天候自动化的服务平台，给市民带来无微不至的关怀。

这不仅是一种服务方式的改变，更是一次智慧治理的深刻升华。无感服务不再需要市民亲自前往繁杂的行政窗口，所有符合条件的福利和服务自动"找上门来"。比如，新婚夫妇无须额外申请，便能接收到政府推送的婚孕检电子套券；老年人在达到相应年龄时，相应的优待证也会自然而然地送到手中。如此服务方式极大地节省了市民的时间和精力，使得生活的便捷度和幸福感显著提升。

这一创新举措背后，是禅城区突破数据壁垒的不懈努力。信息孤岛被有效打破，个人数据空间的构建让来自不同部门的数据得以精准匹配和自动推送，彻底解决了过去信息孤岛的问题，使得公共服务不再是冰冷的单向输出，而是成为一种双向互动、共生共融的体验。

从"依申请办理"到"零申请推送"，不仅提升了行政效率，更赋予了服务一种温情与人性，更重要的是带来了尊重与人文关怀的深层次体验。无感服务极大提高了政策执行的精准性和时效性，保障了公共资源的合理配置和高效利用，让市民真正感受到来自政府的贴心与高效。

无感服务，无疑是对现代城市治理模式的一次成功革新，展现了以人为本、智慧服务的未来趋势。这种模式不仅大幅提升了市民的生活质量，也为城市治理提供了宝贵的经验和灵感。禅城的无感服务，如同春天里的一场及时雨，润物细无声，却使得整个社会的治理机制与服务体系焕发出新的活力与光彩。在这片充满智慧与温情的土地上，每一个市民都能感受到时代的前行与生活的美好。

3. 城市大脑，守护佛山

2022年3月28日，一台高架于白洞的摄像头捕捉到一抹不同寻常的火光。那是在高明区更合镇高村附近，一场突如其来的火情正愈演愈烈。

这一刻，城市安全运行监测中心成了这座城市的守护者。监测中心里工作人员的目光透过摄像头，不断扫描、分析，确认火势的确存在蔓延之势。警情随即被推送至高明区应急管理局及高村村支书处，应急力量立即奔赴。当晚 20 时 02 分，这场闯入人们宁静生活的火光终于被熄灭。这是"智慧安全佛山"项目通过科技支撑，赋能佛山社会治理的生动实践。

"智慧安全佛山"项目构建了城市安全运行监测网，布设 13120 套各类前端传感器，对桥梁、燃气、林火、高危企业等九大领域进行专项监测，初步构建了自然灾害、安全生产、事故灾难等领域全域覆盖的立体化感知网络。通过"五平台合一、三中心一体"的体系，不仅能感知每一个微小的风险，还能在萌芽状态就将其解决，风险监测与应急响应不再是遥远的概念，而是每一天都在实践中不断演进的现实。

走进这座全天候的监测中心，你会看到一幕幕如同未来城市的景象：全方位的监视屏幕、精密的数据分析，以及 24 小时值守的运营人员。

在这里，每一个数据都至关重要，每一次分析都关乎众生。他们用科技的手段，精确地调控与预见风险，保护着这座城市的每一个角落。

在城市大脑的守护下，每一次警情的处理都不再是简单的反应，而是一场精心编排的战略部署。监测中心的存在，就像是佛山这座城市的神经中枢，感知每一分变化，掌控着安全的脉络。

佛山的智慧安全，是对现代城市如何在变革中求生存、在危机中寻机遇的一次深刻洞察。在每一次数据交汇、每一场危机应对中，我们都可以感受到智慧城市治理的守护力量。

城市全域数字化转型
典型案例

案例名称

建设城市运行和治理智能中枢　赋能市域治理现代化

案例城市

佛山市

案例编号：GSsj-202401009

国家数据局
2024年9月

2024年9月12日国家数据局首次发布城市全域数字化转型典型案例，佛山"建设城市运行和治理智能中枢　赋能市域治理现代化"案例成功入选

三、"诉前和解"上演"和功夫"

习近平总书记强调，"坚持把非诉讼纠纷解决机制挺在前面，从源头上减少诉讼增量"，为满足人民群众日益增长的多元解纷需求，坚持和创新发展新时代"枫桥经验"，佛山不断推进矛盾纠纷预防化解法治化。2019 年，在佛山市委领导、市委政法委统筹、市政府保障、市中级人民法院具体负责下，市区两级同步成立诉前和解中心。探索建立了"诉前调解 + 法院速裁"的"一站式"多元解纷新模式，为人民群众提供集约高效、便民利民、智慧精准的"一站式"矛盾纠纷诉前解纷服务，用法治思维和非诉途径有效化解矛盾纠纷，极大地降低了群众的维权成本、提升了解纷效率，促进了社会和谐稳定，实现了矛盾纠纷化解政治效果、法律效果、社会效果的有机统一。

佛山市诉前和解中心探索创建"四加三减"诉源治理新模式，在构建基层源头"治未"、人民调解和行业调解"治小"、诉前和解"治早"新格局上精准发力，超 50 万件纠纷在诉前成功调解，推动全市人民法院新收案件数在 2022 年、2023 年同比下降 4.36%、2.78%，实现连续两年下降。2023 年佛山市中级人民法院被最高人民法院命名为"为群众办实事示范法院"，是全省唯一获此殊荣的中级人民法院。

（一）联动："强平台"共建"一站式"治理阵地

为满足人民群众日益增长的多元解纷需求，坚持和创新发展新时代"枫桥经验"，佛山市委先后将"加快多元纠纷解决机制""建立健全'三治'诉源治理机制"列入全市重点改革项目，把诉前和解中心建设列为市域社会治理现代化试点工作重点打造。佛山市改革创新，在全国首创诉前和解中心，市区两级法院同步成立诉前和解中心，整合解纷资源，佛山诉前和解中心充分发挥党委统一领导社会治理的制度优势，探索完善科学高效的工作机制，搭建"诉前调解＋法院速裁"一体化机制，通过建立一支过硬的调解速裁队伍、一套规范的调解标准、一项通畅的诉调衔接流程、一个高效的成果利用机制，实现"调解＋诉讼"的良性互动。

"诉前调解＋法院速裁"一体化机制前端有诉讼辅导、甄别分流"铺路"，通过区镇村三级网络以及一体化解纷平台解纷一些轻微纠纷；中端有调解处置、诉非对接"搭桥"，司法确认、速裁快审"护航"，法官"一对一"指导确保诉调依据标准化，将起诉至法院的纠纷先行导入和解中心，由法官指导调解员促成双方和解，在纠纷进入诉讼前进行二次解纷；后端对诉前和解不成的纠纷，及时导入立案程序，就地开展速裁快审，为审判提速增效，中心的无争议事实固定、诉前鉴定、送达确认、风险提示等成果运用为后续司法裁判驶入"快车道"打下坚实基础。

1. "诉前和解"做减法：少了诉讼，暖了民心

2019年佛山市区两级法院同步建成全国首创的诉前和解中心，为人民群众提供集约高效、便民利民、智慧精准的"一站式"诉前多元解纷服务。对民商事、行政案件进行诉前和解，6类执行案件进行执前和解。

诉前和解服务有"四大法宝"。一是成本低。诉前调解不收取任何费用，最大限度降低群众解纷成本。二是效率高。除双方当事人同意延长，调解期限不超过30天，大大缩短了解纷周期。三是影响小。调解一般不公开进行，可充分保护双方当事人的个人信息等，降低纠纷带来的负面影响。四是促共赢。诉前调解以引导、协商、谈判、和解等方式化解纠纷，减少对抗、增进谅解，有利于修复和维护人际关系，促进合作共赢。

各人民调解组织、行业调解组织、商事调解组织、工会、妇联等派员进驻和解中心，跨部门、跨领域汇聚解纷资源。组建由专职调解员、行业调解员、特邀调解员构成的"三员"调解队伍1000人，配套专门管理制度，明确工作职责，开展工作质效、纪律作风考核，实行调解补贴激励机制，专业化调解队伍不断稳固壮大。建立调解员智库、推广远程视频调解，通过手机即可进行"面对面"调解，让群众少跑腿、不跑腿。2022年，9.8万件纠纷止于诉前，化解在基层。一审案件改判发回重审率仅为2.3%，全省地级市排名第一；二审民商事案件平均办案周期缩短至43.2天，为珠三角核心五市最短。

2. "速裁快审"做减法：省了时间，提了效率

组建"1名法官+1名法官助理+2名调解员+1名书记员+2名调解秘书"的调裁一体化团队，速裁法官对调解员进行"一对一"结对指导，提升调解质效。编制劳动争议纠纷等16类典型案例汇编，确保调解标准统一、程序规范。调解成功的案件，速裁团队当天出具调解书；调解不成的，则适用速裁快审机制。2023年，全市人民法院民商事速裁案件平均审理时长仅29.9天，同比缩短了9.7天。诉前和解化解一批、速裁快审止纷一批、难案精审终局一批，三个"减法"将大部分纠纷高效、低成本化解在早期阶段，通过高质量诉前和解，减少了后续一审、二审、再审、执行及信访纠纷。

"回赎期到了，公司一直未按约定回购款项"，44名当事人因与南海某饮食

公司及其三名股东产生纠纷，来到南海法院诉讼服务中心提交诉讼材料。经初步甄别，这44件案件被引入诉前和解中心，调解员洪梓棋接手了这批案件。经过两周的不懈努力，该公司及股东终于同意授权股东魏先生出面调解。各方连同调解员在和解中心进行了面对面交流，有24名当事人同意调解方案，并申请法院对调解方案进行确认，和解中心立即启动了诉调对接。各方在法官的主持下签订了调解笔录。这起纠纷，从提交材料至调解成功，只用了28天，而一般诉讼程序案件的平均结案周期为70天，时间上大幅缩短了60%，诉讼费用也仅为普通程序诉讼案件的1/5，实实在在地做到了"省心、省力、省钱"。

（二）惠民："重化解"开展"全周期"多元解纷

佛山首创"治未、治小、治早"三治诉源治理机制改革，将矛盾纠纷治理贯穿于纠纷萌芽、升级、化解、终结、消亡的全流程之中，促进纠纷的实质性化解。

1. "法庭＋"共治：和解力量下沉

佛山发挥人民法庭贴近基层优势，下沉解纷力量，联合街道、司法所等单位，大力拓展"法庭＋"共治模式，创建了"访调援法""一庭两所"等一批诉源治理特色品牌，将司法服务触角延展到社会治理最前沿。在市人民法院的指导下，南海区积极发挥人民法庭植根基层、贴近群众的优势，在基层组建了13个诉源治理工作点，将解纷力量进一步下沉至社会治理的"神经末梢"。其中，丹灶人民法庭创新启动"一庭两所"矛盾纠纷化解新模式，通过与辖区司法所、派出所联动，形成工作合力，率先在全市成立丹灶镇东联社区诉源治理工作室、丹灶镇石联社区诉源治理工作室，将多元解纷端口往村（社区）进一步下沉，实现民事纠纷、治安警情等一站式处理。三水区推动诉前和解中心进一步向基

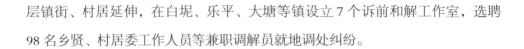

层镇街、村居延伸，在白坭、乐平、大塘等镇设立 7 个诉前和解工作室，选聘 98 名乡贤、村居委工作人员等兼职调解员就地调处纠纷。

2. "平台+"破圈：和解纵向延伸

佛山推进人民法院调解平台进乡村、进社区、进网格的"三进"工作，吸纳村委会、居委会等基层村居组织和网格员等基层人员力量，787 个基层治理单位进驻调解平台，平台覆盖率已达 100%，为人民群众提供了可接近、可获得、可感受的"家门口"解纷服务。在市人民法院的指导下，高明区将和解中心工作室延伸到人民法庭，推进多元化纠纷解决机制进村居工作与诉前和解中心工作深度融合，助力地方"无讼"村居社区建设。聚焦重点领域横向覆盖。2022 年当事人通过平台开展在线调解 34942 次。建成 33 个"无讼"乡村（社区）示范点，实现 90% 的矛盾纠纷不出村、不上交。

3. "法院+"扩容：和解横向覆盖

近年来，佛山法院不断加强与职能部门、行业协会的信息共享、数据对接和协同治理，形成了"法院+部门""法院+协会"新形式。在房地产、劳动争议、金融等矛盾高发的重点领域、重点行业建立了 47 个类型化纠纷解决平台，构建了行业类型纠纷立体式、全链条、一体化解纷模式。如全省首创法院与市住建局、市人社局、市建筑业协会联合成立佛山市房屋建筑工程领域农民工工资纠纷诉源治理工作站，助力零欠薪城市建设。

"大家都先别争了，现在我已经拿到法院的示范裁判了。哪些合理诉求获得支持了、哪些没有一目了然。大家可以结合判决结果，综合考量各自的诉求是否合理。"随着话语的落下，先前众人喧闹的场面逐渐归于平静。顺德区北滘镇人民调解委员刘雄权随即展开手中的判决书，开始向群众详细解读其内容。

顺德法院于 2023 年末相继受理了涉及某建筑科技集团公司的票据追索权纠

纷案件共计15起。该案承办人何斯琳法官在审理过程中敏锐洞察到，此批案件可能仅是冰山一角，反映出被告公司在与上下游企业、供应商等市场主体进行交易时，频繁采用开具票据的方式进行支付，然而却疏于实际履行相关义务。因此，当前所呈现的诉讼案件极有可能是被告公司在前期试探性行为的反映，需要引起高度重视并深入开展调查。

经过深入调查发现情况颇为严峻：即将到期的票据数量接近600余份，涉及的总金额更是超过2亿元。若这些纠纷同时涌入法院并逐一进行审理，不仅将严重影响纠纷解决的效率，同时还会给当事人带来更高的诉讼成本。何斯琳赶紧将情况给院里作了汇报，并立即启动金融纠纷诉前联调机制，由法院全程指导北滘镇人民调解委员会合力化解纠纷。"案件的法律关系简单、事实清楚，但涉及人数多且易引发连带效应，可以用示范裁判提高调解结果的可预期性和权威性。"何斯琳与刘雄权经讨论，确定了调解思路。

"您请求超出票据载明的部分没有依据，很难获得支持。示范裁判跟调解方案差距不大，调解能更好节约时间和成本，款项回笼您也好安心经营。"在刘雄权释法说理下，争议双方达成和解，顺德法院随后对调解协议进行司法确认。截至2024年4月，顺德法院通过"示范裁判＋诉前调解"这一创新模式，已成功化解了同类型案件共计22件，为当事人提供了高效便捷的纠纷解决途径。

顺德法院将指导人民调解、行业调解贯穿"诉前、诉中、诉后"全过程，与市金融联合促进会签订合作协议，畅通金融纠纷诉调衔接、信息共享、风险提示等"绿色通道"，并与市银行业协会、区保险业协会等17家行业组织共建金融纠纷诉源治理工作站12个，制定工作规程17份，做大做强"朋友圈"，推进以非诉纠纷解决方式化解金融纠纷。

诉前和解从"独舞"转变成"共舞"，近年来，和解中心与工会、金融机构、公证处、妇联、版权协会、贸促会等调解力量携手，在劳动、金融、物业、知产等矛盾多发领域扩展解纷阵地，建立诉源治理工作站、和解工作站（工作室）等 97 个，实行"对口"分案，促进矛盾纠纷类型化、专业化解决。

道路交通事故损害赔偿纠纷领域，南海区人民法院加强与区交警大队、区司法局以及佛山市保险行业协会的联动，共建一体化处理中心，"1 中心 +6 调解点"的调解体系逐步成型。劳动争议领域，南海区人民法院、区人力资源和社会保障局、区司法局联合成立南海区劳动人事争议调裁审一体化中心，促进劳资纠纷多元集约高效化解。涉外、涉港澳台商事纠纷领域，市人民法院与市贸促会设立涉外、涉港澳台商事纠纷诉调对接工作室，加大调解工作力度，促进涉外、涉港澳台商事纠纷典型性、苗头性、普遍性问题的妥善化解。金融消费纠纷领域，南海法院联合区司法局、区金融办、人民银行南海支行打造区金融纠纷一体化处理中心，并针对辖区纠纷情况，与农业银行、中信银行、华润银行南海分行对接分别成立三个一体化处理中心分中心，有效在诉前化解大批量金融纠纷。著作权纠纷领域，禅城区集聚司法、行政和行业协会等社会力量，于 2020 年 4 月建立佛山著作权纠纷一门式和解机制，打造著作权纠纷"一门通办、一门完成"新模式。

（三）和谐："聚民心"夯实"和事佬"调解力

佛山市正积极推进人民法院调解平台深入乡村、社区、网格的"三进"工作，致力于构建无讼乡村（社区）示范点，将法治资源有效延伸至基层治理的最末端，以构建更加严密和高效的纠纷预警、介入和调处防范体系。截至目前，全市已有 787 个基层治理单位成功进驻调解平台，实现了人民法院调解平台在法庭、乡村、社区的全覆盖，覆盖率达 100%。此举旨在将一站式诉前解纷服务切实送达基层治理的最前沿，确保诉前和解在佛山得以广泛推广和深入实施。

诉前和解工作始终坚持以人民为中心的工作理念，致力于纠纷化解工作，旨在服务群众、依靠群众、造福群众。一方面，积极整合各类调解力量，努力构建法治引领、群众广泛参与、资源共享、力量协同的"和事佬"调解工作体系。另一方面，结合熟人社区的建设理念，设立"和事佬工作室"，全市无讼乡村（社区）示范点数量已增至47个。

南海区精心组织了38名员额法官、59名书记员与调解员进行分组结对，成立了10个调解速裁组，确保调解指导工作落到实处。此外，还开展了跟班孵化活动，协助同德社区建立"和事佬调解工作室"，将居民代表、楼长等纳入调解员队伍，成功培育出13名社区"和事佬"。

三水区选聘了98名乡贤、村居委工作人员等作为兼职调解员，成为社区"和事佬"，就地开展纠纷调处工作，为社区和谐稳定贡献力量。

1. 走遍田间地头，化解矛盾纠纷

在基层调解工作中，调解工作并非仅仅局限于调解室之内，还必须深入到田间地头，融入群众生活的各个层面，以便更为真切地洞察矛盾纠纷的根源，进而探索出解决问题的最佳路径。因此，"和事佬"们，无论面对的是炎炎烈日还是凛冽寒风，都始终坚守在乡村的小路上，走进农户家中，悉心聆听群众的心声，深入理解他们的需求。

在田间地头，调解员们与居民们面对面交谈，细致入微地了解矛盾纠纷的完整经过及其深层次原因。他们耐心倾听双方的意见和诉求，用心观察现场情况，用情倾听群众心声，用智分析矛盾本质。凭借丰富的调解经验和深厚的专业知识，调解员们能够精准地剖析问题的症结所在，并提出切实可行的解决方案。通过这种方式，确保调解工作能够真正贴近群众、服务群众，为构建和谐乡村、维护社会稳定贡献自己的力量。

全国模范人民调解员莫敏基，作为佛山市高明区明城镇新岗村人民调解委员会步洲村"和事佬"调解工作室的领军人物，他在明城镇农村的成长经历使

他对基层调解工作的信任感有着深刻的认识。莫敏基无论是在工作时间还是休息时间，都积极投身于田间地头，深入走访各个村小组，并与大多数村民建立了微信联系。他的手机号码在全村公开，并保持 24 小时开机状态，以便村民在需要时能够及时联系到他。因此，村民们普遍亲切地称呼他为"基哥"，并深知在遇到困难或矛盾时，可以寻求他的帮助。莫敏基通过这种方式，更加深入地了解了村民的日常生活状况，能够及时发现并有效化解各类矛盾纠纷。

2. 普及法律知识，做好事做实事

普及法律知识是化解矛盾纠纷、构建和谐乡村的重要一环。基层的"和事佬"们深知，法律是维护社会公平正义的利器，更是引导群众依法维权的明灯。因此，他们不仅致力于调解矛盾，更积极投身于法律知识的普及工作，用实际行动为乡村的法治建设贡献力量。

为了提升村民的法律素养，"和事佬"们创新形式，采用丰富多彩的方式进行法律宣传。他们组织开展法律讲座、普法游戏、法律知识竞赛等活动，让村民在轻松愉快的氛围中学习法律知识。通过调解员联系村民、以案说法、榕树头下"法律明白人学法大讲堂"、亲子游乡村、普法游戏等形式，让村民身边事教育身边人，提高村民学法、懂法、用法意识。同时，他们还利用微信、短视频等新媒体平台，定期发布法律资讯和案例，让村民随时随地都能接触到法律知识。

除了广泛传播法律知识之外，"和事佬"们同样致力于行善举、办实事。他们细致地深入了解村民的真实需求和所面临的困难，积极主动地为村民排忧解难，确保他们的合法权益得到充分保障。无论是协助村民解决土地争议、化解邻里纠纷，还是为村民提供专业的法律援助和法律咨询服务，他们都倾注了极大的热情和努力，不遗余力地履行着自己的职责。

这些"和事佬"们的实际行动，不仅赢得了广大村民的深切信任和衷心尊

重，也为乡村社会的和谐稳定奠定了坚实的基础。

3. 法治、善治、德治"三治"融合推动矛盾实质性化解

"和为贵"与"家和万事兴"的深刻理念，在佛山市三水区乐平镇某村祠堂的乡贤调解工作室内得到了充分体现，文化墙上随处可见这一和谐思想的传递。就在此处，一起涉农纠纷不久前得以圆满解决，彰显出调解工作的积极成效。

2023 年 9 月，6 名村民的鱼塘因供电变压器突发故障导致增氧机烧坏，辛苦养殖的鱼类缺氧死亡，损失合计约 5 万余元。村民陆续找上村委会，告知其准备起诉索赔。

村委会对此高度重视，迅速与挂点法庭——乐平人民法庭取得联系，详细说明了此次纠纷的经过和现状。乐平法庭庭长禤君在获悉情况后，立即启动了"祠堂 + 乡贤调解"的专项工作机制。他充分利用村干部对当地情况熟悉、人际关系融洽、事务处理经验丰富的优势，与村委会、和解工作站调解员以及乡贤等共同组成了一个联合调解小组。

"现在事情都已经发生了，互相指责没有用，我们把损失列出来，赔偿方案从实际出发，大家和和气气把事情解决最紧要！"乡贤林伯在旁积极劝慰村民，并努力协调双方立场。经过现场耐心释法、深入剖析责任归属，联调小组最终成功促使双方达成调解协议：供电公司将向受损的 6 位村民支付增氧机修复费用及鱼类损失补偿共计 3 万余元。双方均对调解结果表示满意。

"真是没想到，在家门口就能这么顺利地把问题给解决了！"其中一位受损村民对联调小组表达了由衷的感激之情。

诉前和解中心推动"诉调对接"的"调"向前延伸，立足基层善治，将解纷支点向源头防控延伸，联合街道、司法所等单位，因地制宜创建"访调援法""一庭两所""祠堂 + 乡贤调解"等一批特色工作品牌。

佛山将继续坚持和发展好新时代"枫桥经验"，充分发挥诉前和解中心的

"和事佬"走进乡村地头化解矛盾

统筹力量，大力推动"治未"不留死角、"治小"快速便捷、"治早"精准有效，以社会化、法治化、智能化、专业化推动矛盾纠纷源头预防化解，用法治"和功夫"护航佛山，全力打造佛山法治建设、平安建设的亮丽金名片。

后　记

佛山，这座拥有千年历史的文化名城，以其独特的地理位置、深厚的文化底蕴、蓬勃的经济活力和创新的城市精神，书写了令人瞩目的现代化故事。从岭南水乡到现代都市，从传统产业到新兴产业，从文化传承到创新发展，佛山始终走在时代前列，成为中国式现代化的生动缩影。

我们身处这座岭南名城，时时思忖应如何讲述它的精彩故事。带着这份情怀和责任，在收到中央党校出版集团·国家行政学院出版社的约稿函后，中共佛山市委党校（佛山市行政学院）校（院）委高度重视，立即组织教师团队，迅速成立了编写组，拟定编写方案。在佛山市委、市政府领导下，在中共广东省委党校（广东行政学院）指导下，在佛山传媒集团的大力支持下，编写组扎实开展调研，广泛搜集资料，多次组织研讨，三论提纲，五易稿件，终成书稿。

全书内容共分为六章，各章撰写分工如下：序言、后记由周颖撰写；第一章由彭莹、陈姝颖、车孟杰撰写；第二章由穆向民、付升华、黄琼撰写；第三章由刘丽、黄琼、肖静荣撰写；第四章由李祎妮、周颖、陈烁文、黄小根撰写；第五章由肖明新、廖靖、邓雯文撰写；第六章由邓嫣嫣、杨旭鹏、刘崇娜、张莹撰写。感谢大家的倾力付出！

本书在编写过程中得到了佛山市及五区区委、政府部门的大力支持。佛山传媒集团为本书提供了图片，同时为本书的材料采编工作提供了大力支持。本书出版得到国家行政学院出版社、中共广东省委党校（广东行政学院）的关心指导和大力支持，编辑老师做了大量细致的编校工作，付出了辛勤劳动，在此一并表示感谢。

编写工作虽已收官，中国式现代化的佛山故事仍在精彩上演。站在新的历史起点上，这座"匠心之城"面临着新的机遇与挑战。2025年初，中共佛山市委十三届九次全会吹响了"再造一个新佛山"的集结号。佛山将在习近平新时代中国特色社会主义思想指导下，以"二次创业"的奋斗姿态，全面落实广东省委"1310"具体部署，进一步做强粤港澳大湾区极点城市功能，为广东在推进中国式现代化建设中走在前列作出新的更大贡献。

由于编者学识、水平有限，再加上时间仓促，错误疏漏在所难免，敬请各位读者批评指正。

编者

2025 年 2 月